中学生のためのすごい勉強法

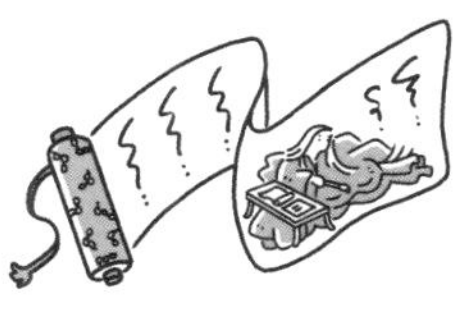

教育系インフルエンサー・塾講師
ラオ先生

イースト・プレス

はじめに

この本を取っていただいた皆さんにひとつ、質問があります。

「あなたは、自分自身に自信がありますか？」

もしなければ、この本を読む価値があると思います。

この本を取っていただいた皆さんはきっと、世の中で言う「勉強ができる人」になりたくて、日本国内の有数の大学に行き、人生の成功ルートに乗りたい、なんて思っている人が多いのかもしれません。

確かに勉強ができるというのはかなり大きな魅力です。その努力によって手に入れた価値というものは、お金には代えられない貴重な財産です。就職では入る高校名・大学名で判断されるケースが少なくありませんし、自分のまわりの人間関係や困った時に助けてくれる先輩は非常に大きな財産となり自分に返ってきます。

僕の場合は慶應義塾大学に入り、友人関係にはかなり恵まれた環境を得ることができました。大学生の時は一緒に授業を受けていた普通の大学生が、就職すると商社・外資・金融・ベンチャー企業などに就職したり、他業種の社長さん・士業（会計士や弁護士）として活躍している人もいます。中にはプロ野球選手や世界を旅する画家、大学院に進み脳科学とAIに関する研究に没頭する人もいました。

ただ、僕が思う「勉強ができる人が手に入れる最も大きな価値」というのは「自分にとっての成功体験から来る自信」であると思います。

確かに学歴を手に入れることで、人脈やお金、ステータスが手に入るかもしれません。ただそれは、勉強なんかできなくても、大人になりさまざまな仕事で成功したら手に入れら

れるものばかりです。ただ、「学歴」と「自信」だけは、自分の心や頭脳をアップグレードしなければ、一生手に入れることはできません。

そして、自分に対する自信というものは、「自分を信じることができる力」に直結します。それはどんなことにおいても必要不可欠な力であり、それを簡単に身につけることができるのが「勉強」なのです。なぜならば、自分の努力値が簡単に「数値」となって成果に現れるから。

つまり、どんなことに挑戦するにしても、「私には努力ができる証がある」という自信そのものが「学歴」であると僕は思っています。「勉強ができる」というのは、言い換えると『知識のある人間』になること、そして『培（つちか）った知識を最適な場所で発揮できる人間』になるということだと僕は思います。

勉強を始める時期は、いつだっていいんです。

中学生のあなたにはまだまだ「無限の可能性」があります。どんな大人にだってなれます。

いくらでも可能性はあります。10代前半で努力できたことは、高校生、大学生、大人になっても忘れることはありません。

あなたは、どんな大人になりたいですか？

少しでも自分を変えたい。なかなか結果が出ずに悔しくて、今すぐに結果が欲しい。そんな中学生のために、すぐにでも始められる「正しい結果の勝ち取り方」を本書で書かせていただきました。

本書を読み終わった後、「自分のために努力してみよう！」とすぐ行動に移してくれると僕はうれしいです。僕はそんなあなたを応援しています。

ラオ先生より

もくじ

5章　「やる気が出ない！」〜習慣化できる「自宅学習」のコツ〜

6章　「どれくらい勉強すればいい？」〜バテない勉強計画のコツ〜

あなたはできている!?

勉強ができる人の4つの特徴

志望校を第3志望校まで しっかり言える

（目標やゴール設定が明確になっている）

志望校は言えますか？ それともまだ決まっていませんか？

決まっていない場合は早急に決めましょう。勉強などしている場合ではありません。

改めて志望校がない人へ、もうひとつ質問をします。

なぜ、勉強しているのですか？ なぜそんなにも必死に頑張っているのに、成績が思うように伸びないんでしょうか？ 理由は明確で、「ひたすら走ってもゴールが見えないから」です。

たとえば体育の時間で、先生に「先生が笛を吹くまでひたすら走れ！ほらもっと全力で！まだ笛は吹かないよ！なんでそんなに遅いの!?もっと頑張って！」とか言われても、モチベーションが湧きません。いつまで走ればいいのかわからないからです。ゴールがあれば、最後まで全力で走れる。どこまで頑張ればいいのかが明確になる。学ぶという本質からはズレているものの、最後は目標に向かってひたすら走り続けた人だけが成功することができます。なにもゴールを設定しないで勉強している人は、今すぐゴールを設定してみてください。

本書を読む前にまず、知っておいてほしいことがあります。それは「勉強ができる人とはどんな人なのか」です。皆さんのクラスや友だちの中にも、「あいつ勉強できるよな」って人がいますよね。そういう人たちは勉強に関しての自分なりの習慣や考えをしっかり持っていて、目的意識を持って勉強に取り組んでいることが多いです。ここでは、勉強ができる人の４つの特徴をお伝えします。自分がもしできていないと感じたならば、急いでこの本を読み、書いてあることを実践してみてください！（笑）

テストで少し緊張する
（勉強に対して緊張感が常に付きまとっている）

定期テストは年に４回ある大きな試験です。みんな一斉に解き始め、時間内にどれだけ多くの点数を取ることができるかのゲームみたいなものです。誰しも絶対に負けられないゲームや部活の大会、人前でやるスピーチなどではかなり緊張すると思います。それはなぜでしょう？ その理由は、「それまで、その本番に向けて頑張って練習してきたから」です。ゲームでも部活でも、日々の練習でやり込んでやり込んで、実力を上げて挑みます。それだけやったのに、本番は１発で勝敗が決まってしまう。だから緊張するんです。

勉強も同じです。勉強ができる人は、定期テストという大会で良い成績を取るために、今まで頑張ってきた。それが「点数」という数値になって現れるから、緊張するんです。「え？ 私全然緊張しないよ」という人はものすごくハートが強いのか、緊張するほど頑張ってこなかったからの２択だと思います。テストで 90 点以上を安定して取っている人ほど、緊張感を持ってテストに臨んでいるのです。

携帯のスクリーンタイムが平均４時間以内

（自宅での習慣のなかに学習が組み込まれている）

ここでお伝えしたいのは、「無駄な時間がなく勉強に費やしている人が多い＝勉強ができる」ではなく、「オンとオフのメリハリが付いており、適度な遊びと集中した学習時間」を取り入れられてる人が勉強ができる、という話です。

是非この機会に、携帯のスクリーンタイムを見てみてください。平日であれば、1日の中で7時間程度は睡眠にあて、8時間は学校、部活をやっている人は更に3時間は時間拘束されています。ここまで18時間、1日に残された時間は6時間程度です。この残された6時間のなかでいかに勉強の時間を確保できているかです。SNSやゲームをやめろとは言いません。平日は1日2時間以内、塾や部活がない日や、休日であれば4時間以内と、自分のなかでメリハリをつけてみてください。しっかり休む時間と勉強時間を明確に分けている人が、最も学習の効果を発揮するのです。

3

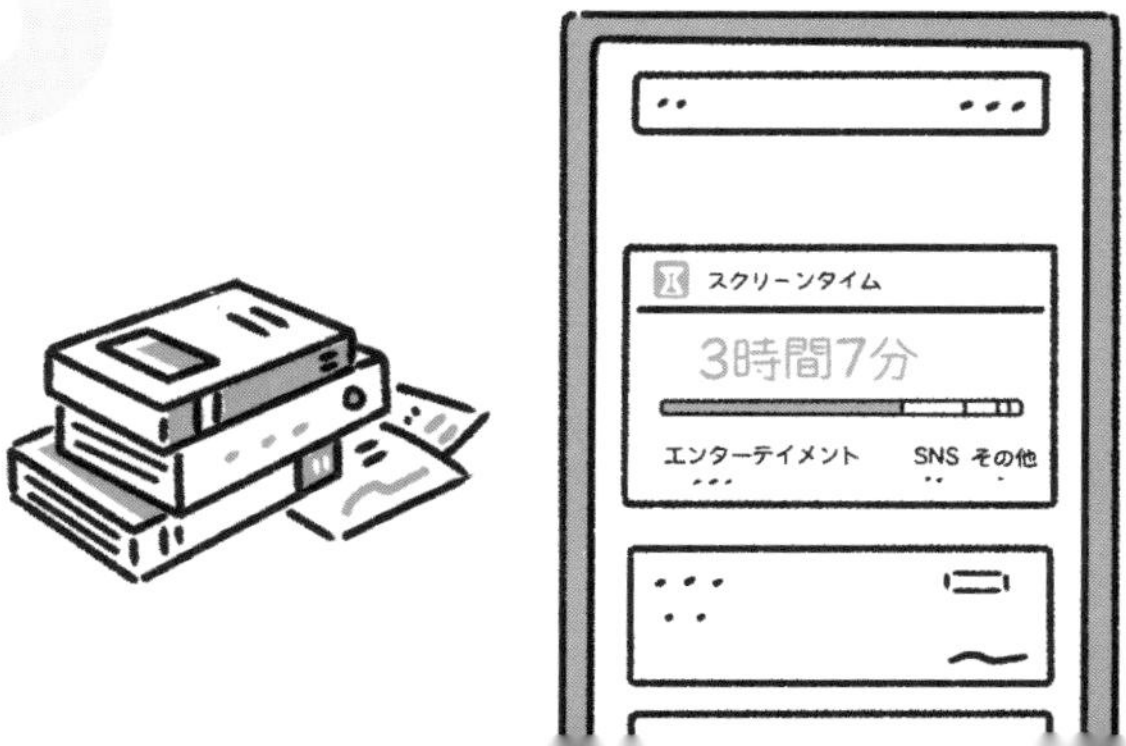

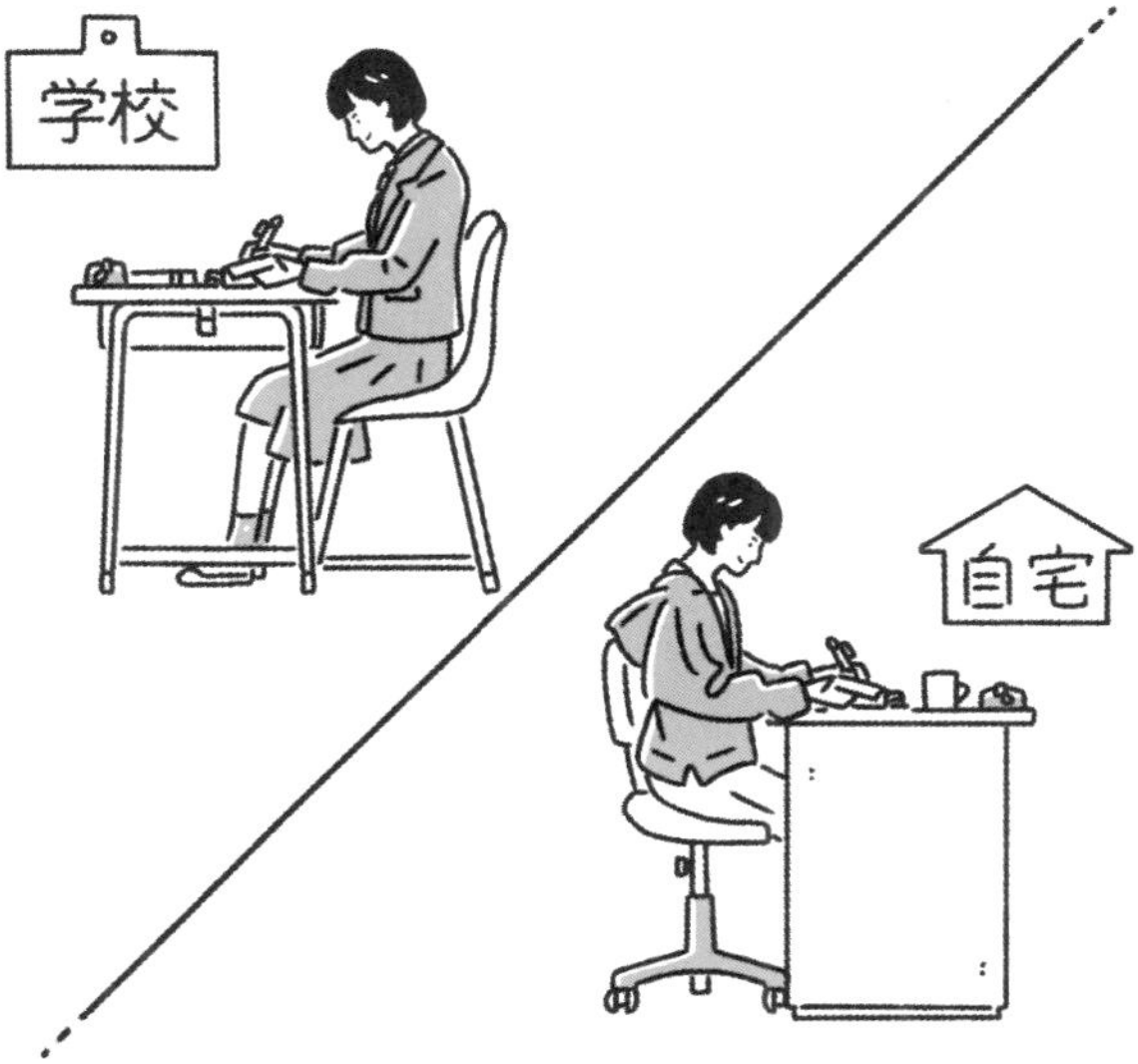

学校の勉強と自分自身の勉強は明確に切り分けている

いわば、学校での勉強は「必要最低限、身につけなければいけない知識を学ぶ」のに対し、自分自身で進めていく勉強は「目標に向けて到達するための知識を学ぶ」必要があります。

つまり、例外なくすべての中学生に必要となるのは「学校での勉強＝自分の勉強」と捉えるのではなく、いかに「目標到達を意識した自己学習ができているかどうか」になります。

学校の勉強をしっかり進めればいい、というのはあくまでも「最低限度の知識を身につけていればいい」ということに他なりません。それでも学校の学習は内申点・入試に直結する大切な学習であることは間違いないので、両軸で勉強を進めていくことが大切になります。

勉強ができる人の4つの特徴

1
志望校を第3志望校まで しっかり言える

（目標やゴール設定が明確になっている）

2
テストで少し緊張する

（勉強に対して緊張感が常に付きまとっている）

3
携帯のスクリーンタイムが 平均4時間以内

（自宅での習慣のなかに学習が組み込まれている）

4
学校の勉強と自分自身の勉強は 明確に切り分けている

これらの特徴をいきなり身につけたり、気持ちや習慣をつくるのは一瞬ではできません。しかし、できることはいっぱいあると思います。これから1章から8章でお話しすることには、「勉強ができる人」になるための手がかりが多く詰まっています。この本を読んだからといって勉強ができるようにはなりません。それを自分のなかに落とし込んで、行動に移すことからはじめてください。なにもしなければなにも変わりません。この本を通じて自分を変えてみてください。応援しています！

1章

何をすればいいかわからない！

～勉強の「目的」を知ろう～

目的なくなにかを続けることは難しいです。勉強も同じ。
だれかと同じ目的・目標でなくても大丈夫です。
頑張り続けるためのゴールを一緒に見つけていきましょう！

勉強の目的を知る

1

勉強で身につく力は、人生において大きく役立つ

勉強は誰のためにあるの？

「**勉強って誰のためにやるものだと思う？**」。僕はいつも、生徒が入塾するときにこの質問をします。どの子も「自分のため」と答えてくれますが、続けて「なんで勉強が自分のためになるの？」と聞いたとき、ちゃんと答えられるのは１００人のうち１人ぐらいです。「勉強は自分のために必要なもの」だと本当に理解している子は多くないのです。

じゃあ、勉強はなんで自分のためになるのか？　その答えは、「**勉強をすると、思考力が身につくから**」です。

そして「思考力」は、あらゆるものに役立ちます。たとえば野球の練習をするとき、何も考えずに素振りをたくさんする人よりも、素振りを１回しながら「定点を下げて、下から上に打つと弾道が高くなって飛びやすくなるな」と考える人のほうが上達は速そうですよね。

スポーツ、絵や音楽やダンス、そして恋愛や仕事でも、思考力のある人がうまくいきます。大人になって社会にでたとき、学校では教わってこなかった問題にたくさん直面すると思います。そんなときのために**思考力を身につけ、今後の人生をうまくやるためのトレーニングが「勉強」**なのです。

勉強の目的を知る

2

まずは「友だちに勝つため」に勉強を頑張る

遠い目標より、目先の目標をモチベーションにしよう

勉強は人生に役立つ！　と言いましたが、とはいえ「将来のために勉強しなさい」と言われても、なかなか実感しにくいかもしれません。また、「受験のために勉強しなさい」と言われても、中1、2の時期だとモチベーションは湧きにくいでしょう。

だから僕は、**「できる人になって、優越感を感じるために勉強しよう」**と言うようにしています。テストでクラスメイトより良い点をとったり、成績上位で名前を貼り出されたりするとうれしいですよね。「そんな理由でいいの？」と思うかもしれませんが、将来のことを考え

て勉強のモチベーションにするのは10代前半だと難しいと思います。

ゲームも、クリアできない間はイライラしますが、上達すると夢中になりますよね。勉強も同じで、**できないときは嫌なものだけど、できるようになると楽しくなります。**「将来のため」「受験のため」と、遠い目標のために頑張るのは大変です。まずは、「友だちとの勝負に勝つため」「クラスで優越感を感じるため」だと思って勉強してみましょう。頑張った分の結果が出ると、**勉強はだんだん楽しくなり、続けるモチベーションにもつながります。**なかなか勉強するモチベーションが湧かない人は、「勉強を頑張り続けるため」のきっかけを探してみましょう。

勉強の目的を知る

3

「将来の理想像」とのギャップを知る

今の自分と将来の理想像を比較してみる

目標を達成するにはまず、目標と現状とのギャップを知ることが必要です。高校受験でいえば、「**志望校に受かるために必要な成績と、今の自分の成績とのギャップを知る**」ということです。

たとえば、志望校には内申点が40点必要なのに、直近の自分の内申点は32点だったとします。そうすると、ギャップは8点。ギャップがどれだけあるかわかると、「8点をどう伸ばせばいいかな」と、受かるための行動を考えやすくなります。

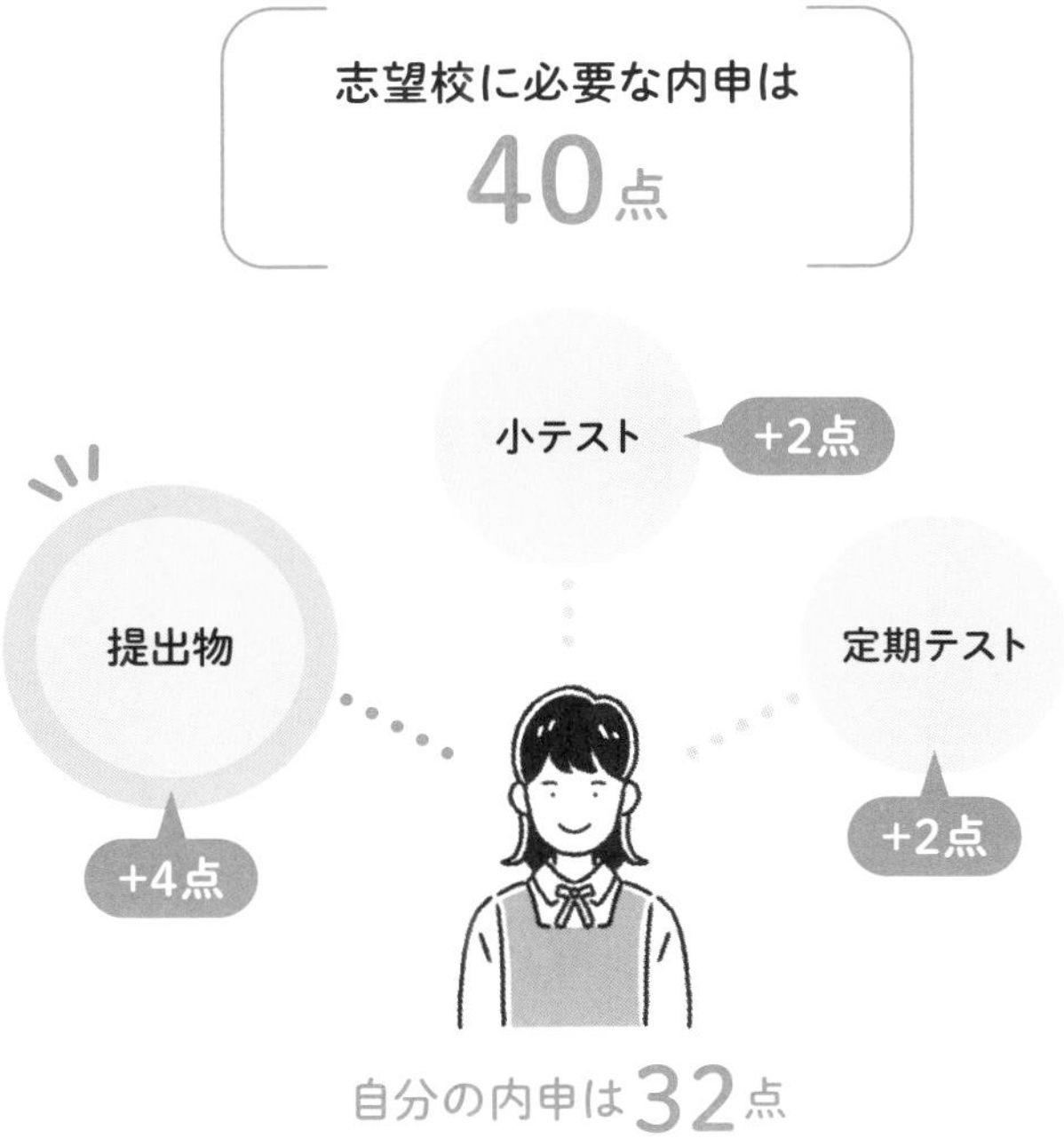

5教科のうち、どの教科を伸ばすのがいいのか。そして頑張るべきは提出物なのか、小テストなのか、定期テストなのか。そんなふうに**要素を分解していけば、志望校合格への具体的な道筋が見えてくるはず**です。

「どこを伸ばしていいのかがわからない」という人もいると思います。そういったときは学校の先生に直接聞いてみるのもひとつの手です。「ここをもう少し力を入れて頑張ってみようか」とアドバイスをくれるはずです。

「勉強しなきゃ」とぼんやりと思っているだけだと不安になるし、行動にも移しにくいですよね。まずは今、何をすべきかを知るために、目標と現状とを比較してみることからはじめてみましょう。

勉強の目的を知る

4

学校の勉強は「社会勉強」、自分の勉強は「受験勉強」

学校の勉強だけでは周りに差をつけられない

「学校に行く意味ってなんですか？」と聞かれることがたまにあります。自分で家でしっかり参考書を見ながら勉強したり、塾で勉強したりすれば、学校に行く意味はないんじゃないのかと思う生徒もいます。僕は、**学校に行くのは社会に入る前のファーストステップ**、つまり社会経験の練習の意味が強いんじゃないかなと思います。つまり、学校は必ずしも勉強だけしに行くところではないということです。

学校で勉強することはもちろん大事ですが、それだけではなく、クラスのみんなと一致団

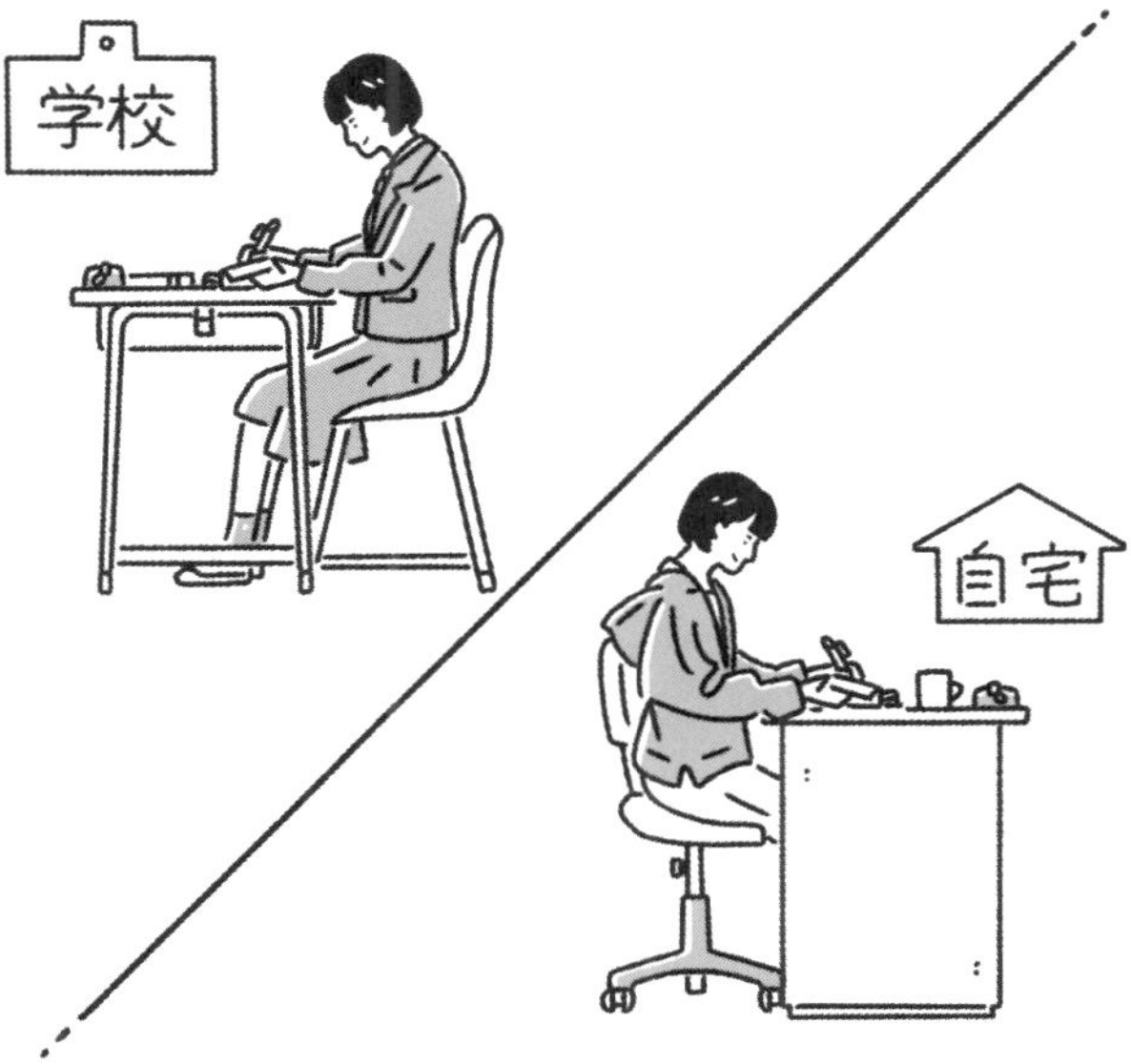

結して行事を楽しんだり、大人である先生との距離感を学んでみたり、委員会や部活動での役割をこなしてみたり、そういったことを学ぶ場所だと思います。

一方、**自分の勉強は「受験勉強」**です。「受験勉強」は学校の勉強だけでは足りないです。自分の勉強は知識を蓄え、偏差値を上げて、周りよりも自分が優れていることを証明するものです。学校の勉強はみんな等しく受けているわけなので、学校の勉強だけで周りと大きく差がつくことはありません。**いかに自分の勉強を効率よくこなすかで、周りと差を広げることができます。**「自分の勉強」についての具体的な話は3章以降で説明していきますね。

勉強の目的を知る

5

学校の勉強において最も大切な3か条

「丁寧・積み上げ・笑顔」を大切に

学校の勉強において最も大切な3か条は、**①丁寧に物事を行う**　**②積み上げ式で自分で頑張っていく**　**③笑顔を振りまく**　の3つです。受験における学校の勉強の目標は何かというと、究極的には内申点を獲得することです。

内申点を獲得するためにはまず、**ひとつひとつの提出物を丁寧に仕上げる**こと。2章で詳しくお話しますが、ただ提出物を出せばいいわけではありません。内申点を獲得するための提出物の仕上げ方を意識してほしいです。そして、2つめが自分は基礎からしっかりと学ん

学校の勉強において最も大切な3か条

- 基礎からコツコツと積み上げる
- 提出物を丁寧に仕上げる
- 学校の先生には笑顔で愛想よく

で応用をやれているよ、**積み上げ式で勉強をやっているよ、と先生にアピールすること。**具体的にいうと、提出物で、難しい問題に対しても放棄せず、習った基礎知識をいかして頑張って解いてみたよとアピールしてください。そして最後に一番大事なのが、**学校の先生に対してちゃんと尊敬の心を持つ**（ように見せる）ことです。なので笑顔というのが学校においてすごく大事な要素になるのではないかと僕は思っています。

学校の先生も同じ人間なので、笑顔で愛想よくされて、悪い気はしないと思います。前のページでもお伝えしましたが、学校の勉強は社会勉強です。たとえば、何か商品を買うとき、愛想のよい営業マンと態度の悪い営業マンから同じ商品を買うとしたら、絶対に前者から買いたいですよね。学校でも同じことが言えます。学校の先生に対して、「ありがとうございました、先生のおかげでここまで成績が上がりました」としっかりアピールすること、それが内申点を獲得するための近道になると思います。

勉強の目的を知る

6

自分の勉強において最も大切な3か条

「適当・納得・逆算」を大切に

学校の勉強と違って、自分の勉強において大切にすべき3か条はまったく違います。**①適当に物事を行うこと ②納得して物事を進めること ③逆算的に物事を考えること**です。なぜこの3つなのかというと、自分の勉強における目標というのが、**「点数を伸ばすこと」**ただ一点につきるからです。点数を伸ばすためには、すべての教科において納得しながら進めていく必要があります。ここでいう納得というのは、体系的にしっかり理解できているということです。納得して点数を伸ばすために、どう考えていいかわからない、応用問題が解けな

自分の勉強において最も大切な3か条

- 必要以上にこだわらない
- 体系的に理解する
- 逆算的に考えることを意識する

いなどいろいろな壁にぶち当たることがあると思います。時間をかけてわからない問題と向き合うことも大事ではありますが、受験勉強においては、わからないものを捨てるという選択も必要となってきます。なので、**自分が取れるところをしっかりと取りきる**ことが大事になってきます。

　最後に逆算的に物事を考えるということですが、簡単に言うと**入試を意識する**ということです。学校の定期テストは年４回、ないしは６回ありますが、入試のチャンスは１回きりです。つまり、この１回で失敗してしまうと受験には落ちます。なので、常に自分の勉強におけるゴールは入試だということを意識し、逆算して夏までに何を終わらせなければいけないのか、冬までにどのぐらい到達していなければいけないのか、そして最後の１か月ではどんな勉強をすべきなのか、これらをすべて**逆算的に考えて今やるべきことを割り出す**、これが自分の勉強において最も大事なことになってきます。

勉強の目的を知る

7

勉強のゴールってどこにある？

ゴールは人それぞれだが、高い学歴で損することはない

「テスト」「授業」「受験」……勉強のゴールっていったいどこにあるのだろうと考える人も多いと思います。勉強のありがたみを中学生や高校生が直接知るのは難しいです。僕は大学を卒業し、いざ社会に出るぞ！となったときにはじめて実感することができました。

大学を卒業するとき、大きな岐路（きろ）に立たされることになります。高校や大学はあくまでも「学校選び」でしたが、社会に出るとなったとき、星の数ほどの選択肢のなかから自分が将来どうしていくのかを選んでいく必要があります。定年までの約40年間、お金をずっと稼ぎ続

ける職場だったり、専門的なスキルを身につけるための職場だったり、たくさんの選択肢が出てきます。ただ、**自分がやりたいこと、就きたい仕事、入りたい会社への入社を叶えるために必要な大きなものさしが「学歴」になってきます。**

たとえば僕は慶應義塾大学を卒業しています。おそらくほとんどの人が一度は聞いたことがあるだろう大学だと思っていますが、私立大学のなかでもトップクラスの大学です。慶應義塾大学を出ていると、大手銀行だったり、証券会社、伊藤忠や丸紅といった商社や、みなさんが知っているところだとおもちゃのバンダイだったり任天堂に就職している実績があります。なにが言いたいのかというと、**「学歴」が高ければ、社会人として働いていく職場や環境の選択肢が増えるのです。**もちろん学歴がすべてではありませんが、高ければ高いほど自分の選択肢の幅は広がっていきます。自分が40年働いていくことを考えると、選択肢を広げたほうがきっといいと思います。

また学歴で得られるものは選択肢だけではありません。優秀な人脈が手に入ります。たとえば、将来自分で会社をつくりたいとなったとき、お金の資金管理に詳しくない……そんなとき友達に銀行マンがいたら強い味方になりますよね。そういった人脈や環境を手に入れるために、ゴールをどう設定するのか、本書を読んだら一度改めて考えてみてほしいです。

ラオ先生の受験記 1

勉強するときに決めていた基準

僕は小６の夏から塾に通っていたのですが、僕の勉強に対するモチベーションは「**競争優位性**」を使った勉強法でした。つまり、「**どんなテストでも上位に入ること**」です。特に重要視していたのは、「毎回の授業における小テスト」と「模試の順位」です。学校の小テストはいわゆる「短期的目標」といわれるもので、授業ごとの達成度や宿題の達成度を確認するためのものです。一方で模試というのは「自分の実力そのもの」を測るものです。この２つを意識しながら上位の点数を狙うというモチベーションで勉強をしていました。毎回の小テストで 100 点が取れていれば、授業で習ったことや宿題はしっかりできるということになります。それを毎回継続的に続けていれば、模試もいい順位を取ることができます。受験という長い競争の中でも、短期的な目標をクリアし続けることで、頑張り続けることができました。

つまり自分が受験勉強を経て最も大切だと思ったのは、「**全てのテストで目標点（最低到達点）を決める**」ということです。その塾というのは上から 10 名程度が開成に合格し、上から 60 名程度が学芸大附属、上から 200 名程度が早慶附属に合格する…といった具合で過去の実績が出ていたので、「つまり 50 番以内に入っていれば、とりあえず早慶附属や国立には合格出来るのか…」と考えていました。テストの難易度は上下するため、点数で見てもあまり意味はありません。「順位」で見ることに意味があるのです。結局、開成には落ちましたが。受験って、何が起こるかわかりませんね。

2章

志望校はどう決めればいい？

～後悔しない学校選びのコツ～

高校選びは人生で最初に自分でする大きな決断です。
自分が行きたいと思えば思うほど勉強も頑張れます。
自分に合った高校選びのコツをお伝えします。

学校選びのコツ

1

志望校決めは、早ければ早いほどいい！

✓ 自分の志望校が第1志望から第3志望まですぐに言える

「志望校どこ？」と聞いたとき、**勉強ができる人は第1志望から第3志望まですぐに言えます。**

志望校が決まっていると、勉強する目的がはっきりします。「この高校に行きたいから勉強を頑張ろう」と思えるので、モチベーションが上がりやすいのです。そしてポイントは、第1志望から第3志望まで決めること。第3志望まで決めようとすると、たくさんの高校を調べることになります。すると、第1志望について「なんとなくここがいい」ではなく、「**ほか**

の高校にはないこんな魅力があるからここが一番いい」と思えるようになります。志望する根拠がはっきりすると行きたい気持ちが高まるので、よりモチベーションは上がりますよね。

また、「志望校はいつ決めるのがいいですか？」と質問を受けることがあります。僕はそういうとき「今でしょ！　今すぐ調べて決めよう！」と言います。早く決めたほうがお話ししたように**モチベーションにもつながり、具体的なビジョンをもって勉強に取り組むことができる**からです。

「どうやって志望校を決めようか」と悩んでいる人も多いと思うので、次のページから具体的な志望校の決め方をご紹介します。

学校選びのコツ

2

志望校の決め方①
「就きたい仕事」から逆算して決める

具体的な未来を見ることが、今の自分を助ける

志望校を決めるときは、まず、「**将来、どんな仕事をしたいのか**」という長期の目標を考えてみてください。就きたい仕事がわからない場合は、「何をやりたくないか」から消去法で絞っていき、とりあえず「この仕事ならまあいいかな」というものを見つけてみるのもひとつの手です。

次に、その仕事のために必要な「**最終学歴**」を考えます。たとえば、「料理人になりたい」であれば、知識を蓄えるために料理の学科がある大学や専門学校に行くのがいいかもしれま

せん。フランス料理の勉強がしたいなら、フランス留学ができる学校が選択肢に入るでしょう。具体的なやりたい仕事がまだわからない人は、まず大学に進学することを強くオススメします。

最後に、「その最終学歴のために行くべき高校」を考えます。目指す大学や専門学校への進学率が高い高校や、偏差値に見合う高校などです。

こんなふうに「**就きたい仕事↓目指す最終学歴↓行くべき高校**」と逆算して考えると、納得できる志望校が見つかると思います。いきなり高校を決めるのが難しいときは、長期の目標に目を向けてみましょう。

学校選びのコツ 3

志望校の決め方②「どんな高校生活をおくりたいか」で決める

自分に合った高校のカラーを調べてみる

「**どんな高校生活をおくりたいか**」というのも、志望校の決め方のひとつです。

キラキラした高校生活をおくりたい！というのであれば、「制服が可愛い」「校舎がきれい」、「文化祭が盛り上がってる」は大事ですね。髪の毛を染めたいなら校則の厳しさ、スポーツが好きならグラウンドや体育館の環境を見ます。大学受験のためにしっかり勉強したい場合、「進学実績が良い」「指定校推薦の枠が多い」などもポイントですね。真面目な校風か、自由な校風か、といったそれぞれの**高校のカラー**についても、調べてみるといいでしょう。

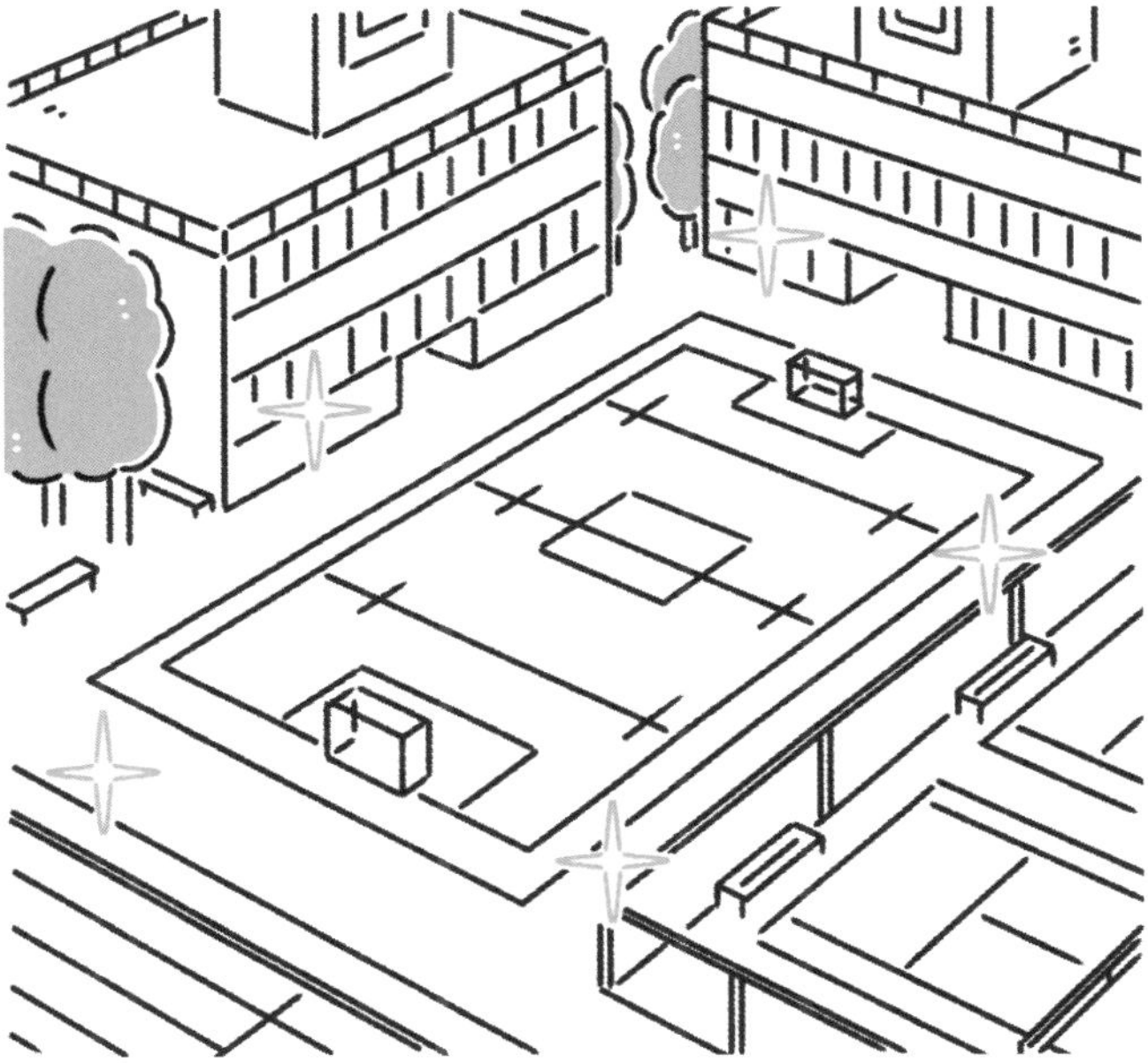

このように具体的な条件から考えていくと、理想の高校が見つかります。もちろん最終的な志望校は受験前に学力で絞る必要がありますが、まずは成績のことは気にせず理想の高校を探してみましょう。**高校生活への希望が膨らむと、勉強へのモチベーションもぐっと上がるはず**です。

ただ1点だけ気をつけて欲しいこととしては「**過度に期待しすぎない**」ということです。実際入りたかった高校に入学できたとしても、「ちょっと思っていたのと違う…」などのギャップが多少でてくるとは思います。そうならないためにも、あくまでもモチベーションの「ひとつ」としておくくらいがちょうどいいと思います。

学校選びのコツ 4

志望校の決め方③
「自分よりちょっと高い偏差値」を目指す

ほどよく高い目標がモチベーションを維持してくれる

志望校の決め方について、「就きたい仕事から逆算する」や「どんな高校生活をおくりたいかから考える」といった方法をご紹介しましたが、もちろん**「偏差値」も大きな判断基準のひとつ**です。

偏差値から決めるときのポイントは、**「自分よりちょっと高い偏差値」**を目指すということ。なぜかというと、もし今と同じ偏差値の高校を目指してしまうと、「もう合格ラインに届いているからいいや」と手をぬきやすくなってしまうからです。こうなってしまうと、勉強しな

くなり、成績は下がります。結果、今の偏差値よりも低いランクの高校にしか受からなくなるかもしれません。

もし今の偏差値が58なら、偏差値60～65の高校がいいでしょう。「+5」くらいの目安を考えてください。これ以上高くても問題ないですが、あまりに高すぎると途中で力尽きてしまう可能性もあります。そのため、「ちょっと高い」ぐらいの合格圏内ギリギリの高校を目指すのをおすすめします。受験前に最終的な受験校の判断はすると思いますが、常に**自分の偏差値より高い高校を意識することでモチベーションを維持することができるはず**です。

学校選びのコツ

5

「Instagram」「YouTube」「HP」で志望校を絞る

生徒の姿・学校生活・学校のウリをそれぞれ見極める

志望校を絞るための手段は大きく3つあります。

1つめが、Instagram、2つめがYouTubeで志望校を調べる。そして3つめが、その志望校ごとにホームページを見るということです。それぞれ得られる情報が違うため、自分が知りたい情報ごとに媒体を変えて調べるとよいでしょう。

Instagramでは、生徒のリアルな姿を見ることができます。たとえば部活動で、どんな顔をして部活をやっているのか、部活動は楽しそうにやっているのか、などです。そして、文化祭や体育祭などの学校行事も生徒がInstagramにあげています。「#志望校」で調べてみると、在校生が投稿しているので、そこから学校のリアルな雰囲気を調べることができます。

そして、YouTubeでは学校生活を見ることができます。学校の公式YouTubeが最近増えていて、生徒はどういう1年間のスケジュールをおくっているのか、学校内ではどういう勉強をしているのか、そしてどういう学校生活を歩んでいるのかなどを知ることができます。

そして最後にホームページではその学校のウリを知ることができます。たとえば面倒見のよい学校であればホームページ上にどういった補習があるのか、トップ対策はどうなっているのかなどを載せています。その学校がなにを一番ウリにしているのか、ホームページ上で確認しておくとよいでしょう。

以上の3つを活用することで、おおよその**学校の内容や雰囲気などを把握することができます。**志望校について悩んでいるのであれば、ぜひこの3つを活用してみてください。

Instagramで「#志望校」で調べてみると、その学校のリアルな様子がわかります。

学校選びのコツ

6

「文化祭」「学校説明会」「体験会」で体感する

「リアル」を感じることが一番の財産

志望校を3つに絞ったら、絶対に**「文化祭」「学校説明会」「体験会」**に行ってみてください。

まず前提として、インターネットの情報だけで志望校をひとつに決めないでください。いくつか候補を出したうえで、**「行きたいな」という願望から「絶対に行きたい！」という確信に変えるためのフェーズ**でもあります。実際に目で見て、耳で聞いて、肌で感じる学校の雰囲気というものが必ずあります。「この学校なら行きたい！」と**実際に肌で感じたことが、受験の最大のモチベーション**になります。

逆に、「ここに行きたい！」と強く望んでいた学校の説明会などに行ったら、「あれ、思ってたのと違うな」と感じるときもあります。入学してから後悔してしまうと、高校生活が楽しくなくなってしまいますよね。そういったことを防ぐためにも必ず「文化祭」「学校説明会」「体験会」に行って、その学校の「リアル」を感じてみましょう。

また、「文化祭」「学校説明会」「体験会」などは中学2年時までにたくさん行っておくといいです。文化祭などは9～11月の秋に行われることが多く、受験をひかえた中学3年時にはなかなか行きづらいと思います。気になっている学校が多い人は中2までに行ってみて、中3時には本命のところだけ行くのがいいと思います。

学校選びのコツ 7

最後の決め手は「進学実績」

「進学実績」から学校の質がわかる

志望校が決めきれずに悩んでいる生徒に僕はいつも「**その高校の進学実績を見てみよう**」とアドバイスをします。なぜかというと、進学実績というのは高校が一番誇る部分だからです。

進学実績がいいということには2つのメリットがあります。1つめが、**授業の質が高い**ということ。授業の質が高いからこそ、勉強ができる生徒が多くなるということです。またそういった学校は質の高い授業以外にも、大学のAO入試対策用に面接や小論文の対策もしっかりしてくれるところが多いです。

2つめは、**指定校推薦枠がたくさんある可能性がある**ということ。進学実績のいい学校は必然的に指定校推薦枠がたくさんある場合が多いです。

いくつかの志望校があって悩んでいる生徒というのは、それぞれの学校の進学実績以外のところで魅力がたくさんあるのだと思います。こっちの高校は制服が可愛いだとか、こっちは部活動が充実しているとかそれぞれ一長一短があって、決めきれずにいるのだと思います。ベターな選択肢がたくさんあって、決めきれずにいるのならば、「進学実績」をぜひ見て比べてみてください。有効な決め手になるはずです。

親ができる受験サポート

1

自宅でのサポート

自宅で親ができるサポートは３つあります。１つめが、**生活習慣をしっかりと子どもにつけさせること**。２つめが学校の**基礎的な勉強のサポート**というものを親がしてあげること、そして３つめが、**子どもができない分野をしっかり親が把握**しておくことです。

１つめの生活習慣、これは朝の何時には絶対に起きる、夜の何時には絶対に寝るというのを家庭の中での決まり事にすることです。それができないとルーズな習慣が身についてしまいます。子ども自身では管理するのが難しいので親御さんのサポートが必要です。

２つめの学校の基礎的な勉強サポートというのは発展的なことまではなくていいので、学校で習うことはしっかりとできるようになるまで復習させること、これが親のサポートになります。そしてできたらしっかりとほめてあげてください。「勉強は楽しいものだよ」と教えてあげることが今後の成長につながっていきます。

３つめの子どもができない分野を把握する。これはたとえば、「うちの息子は算数が苦手なのか、はたまた暗記系が苦手なのか、何か空間把握能力が苦手なのか」と。10歳までに子どもの基礎学力は身につくと言われています。だからこそ、10歳から12歳までの間に子どもができないことというのをしっかり把握して、そこで責めないようにする、これが一番大切になります。**親というのはあくまでも見守り、安心を与える、最強の助っ人**になるわけなので子どもができないことを見てサポートをしてあげるというのは、ぜひ実践してみてください。

3章

宿題と受験勉強、どっちが優先?

～超効率・内申獲得のコツ～

学校も大変。受験勉強も大変。両立なんて無理だと思っていませんか。
学校の授業も宿題も受験勉強のひとつです。
学校を存分にいかして受験に勝つコツ、お伝えします。

内申獲得のコツ

1

そもそも内申点ってなに？ 評価ってどうつくの？

内申点は受験の点数に直結する

内申点ってなに？ 内申点ってどう評価されるの？ ほとんどの方はしっかり理解していると思いますが、内申点は受験においてかなり大切になってくるので、改めて説明しますね。

内申点というのは、**各教科5点満点で9教科で構成される合計45点満点の成績表**のことです。小学校までの成績表だと○△だったり、ＡＢＣという評価だと思うのですが、中学校からは更に細分化されて、さまざまな項目から判断される総合成績というイメージになります。内申は大きく3つ評価項目があります。1つめがテストなどで測る「知識・理解」という項目、

2つめが提出物などで評価される「思考・判断」という項目です。最後は「主体的に取り組む態度」、普段の学校生活の様子だったり、課題の提出具合だったりといった、要は普段から前向きに授業に取り組んでいるかどうかの評価項目になります。この3つすべてにおいていい点を取らないと内申点で4や5を狙うのは難しくなってきます。

そしてこの内申点を自分の持ち点数として受験に使っていきます。この45点+入試の点数というかたちで合否が決まってきます。**1点内申点が違うだけで入試の点数に換算すると2点～5点ほどの差が出てきます。**もちろん内申点が少し低くても、入試本番で力を発揮できれば、合格する可能性も十分にありますが、手堅く受験に臨むのであれば内申点が高いことに越したことはありません。内申点はすぐに上げようとするのは難しいので、**日ごろからコツコツと努力を積み重ねる**ことが大事になってきます。

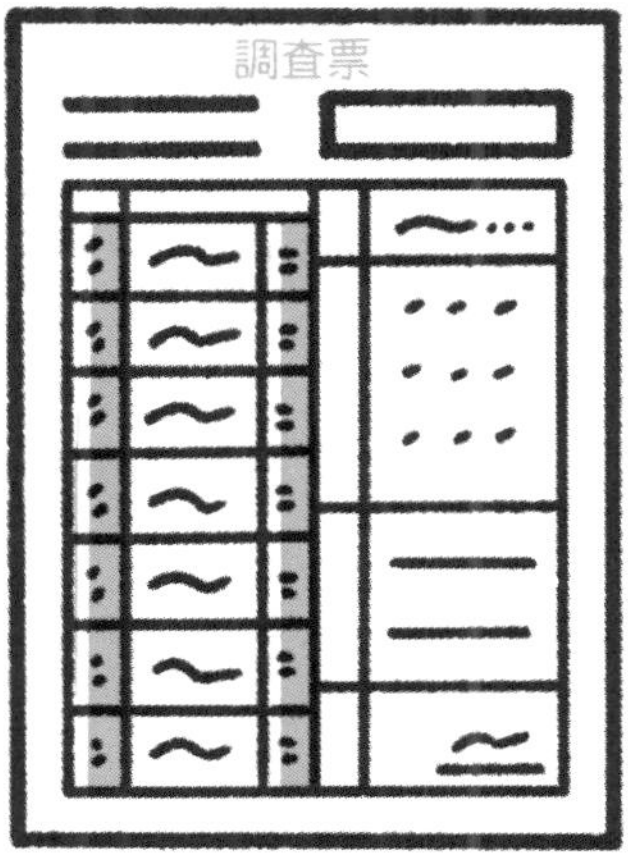

内申獲得のコツ

2

学校の宿題は完成度の高いものを期限内に出す

学校の宿題の目的は評価を区別するため

学校の宿題なんてやる意味ないと思っている人は少なからずいると思います。僕も半分は正しいと思っています。これはなぜかというと、学校側が宿題を出している最大の目的は、**生徒の評価に対して差をつけるため**です。「この子は期限内に提出していて、しっかりやりこんでいる」「この子は期限を守らないし、いい加減にやっているように見える」など、こういった先生の評価はもちろん内申点に関わってきます。

みなさんは**きちんと提出期限を守り、よりよい完成度を目指すことが学校の宿題をやる目**

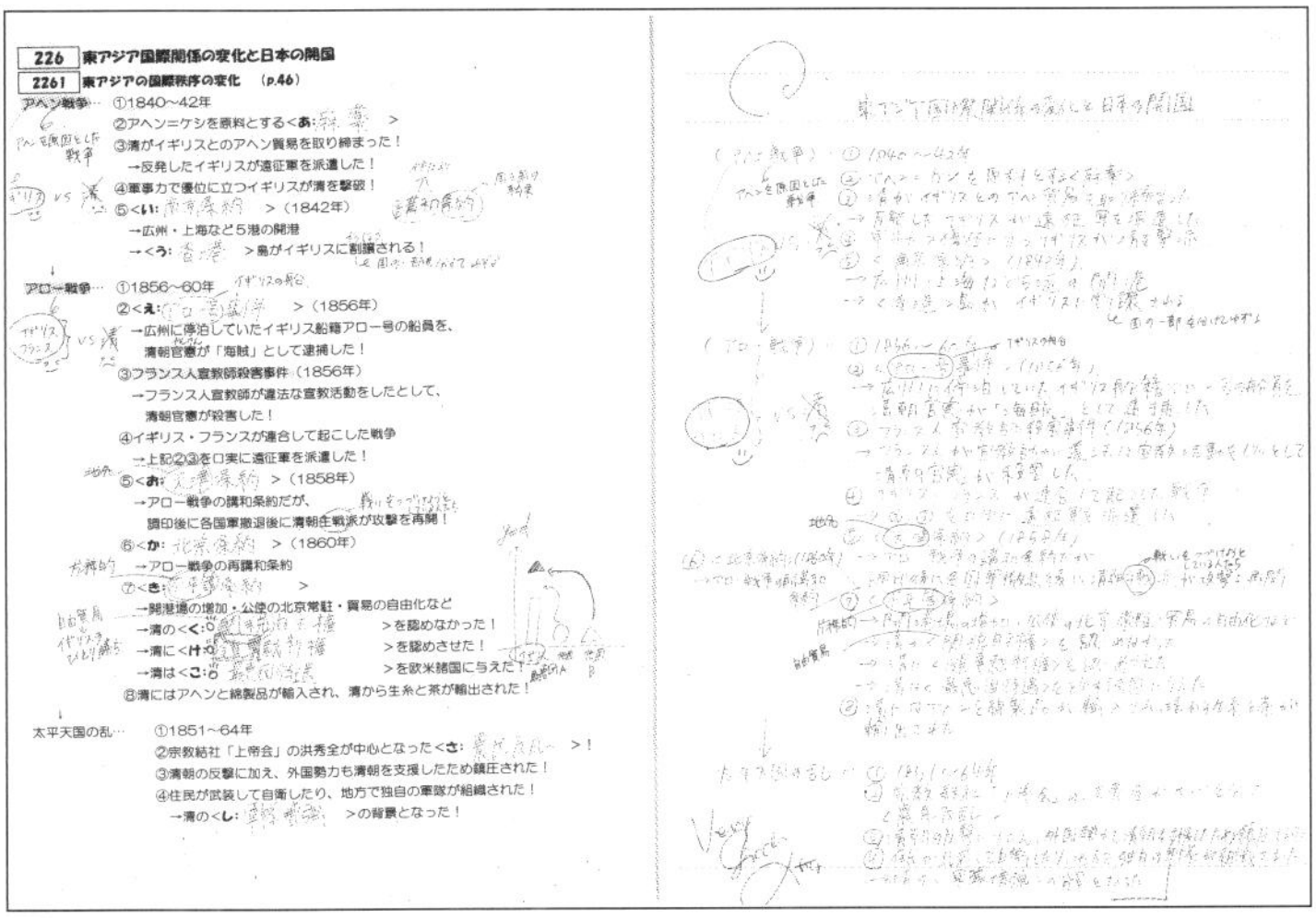

理解を深めるために自分なりの工夫がされている課題。
先生からの評価も高い。

的になります。

「え? 宿題をしっかりやれば成績も伸びるのでは」と思う人もいます。僕は勉強ができるかどうかは宿題では測れないものだと思っています。なぜなら、**宿題は学力向上を目的にしてつくられていない**から。学校側からしたら「君たちはちゃんと期限を守れていますか? 努力してますか?」その評価をつけるために出しているので、テスト前に出された過去の宿題を見てみようとかしなくて大丈夫です。宿題が出されている目的をしっかり理解したうえで、期限を守って、完成度の高いものを提出すれば問題ありません。

内申獲得のコツ

3

単元テストは満点を取るべし

勉強ができる人は小テスト・単元テストで必ず満点を取っている

勉強ができる人は、小テストや単元テストなど、ちょっとしたテストでも手を抜きません。

事前にしっかり勉強して、手堅く満点をとっています。

「小テスト・単元テストぐらいなら、点を落としても大丈夫」なんて思っていませんか？

たしかに範囲は狭いですが、高校受験に必要な内容であることには変わりません。入試問題では中学3年間すべての範囲を扱うので、日々、少しずつ勉強を積み重ねることが大切です。

ちょっと厳しい言い方ですが、小テスト・単元テストで点を取れない人が、入試で点を取れることは考えにくいです。また**単元テストも内申の評価基準になる**ので、しっかり高得点を取り続けている人の内申点は高いはずです。またそういった人は日ごろから勉強するくせが身についているので、定期テストや受験本番でも計画をしっかり立てて勉強することができます。

定期テストで満点をとるのは、これまでによほど勉強してきた人でないとハードルが高いかもしれません。でも、小テスト・単元テストは範囲が狭いし、習った直後にやることが多いので、満点をとりやすいはずです。テスト前に少しだけ頑張って、満点を目指す習慣をつけてみてください。

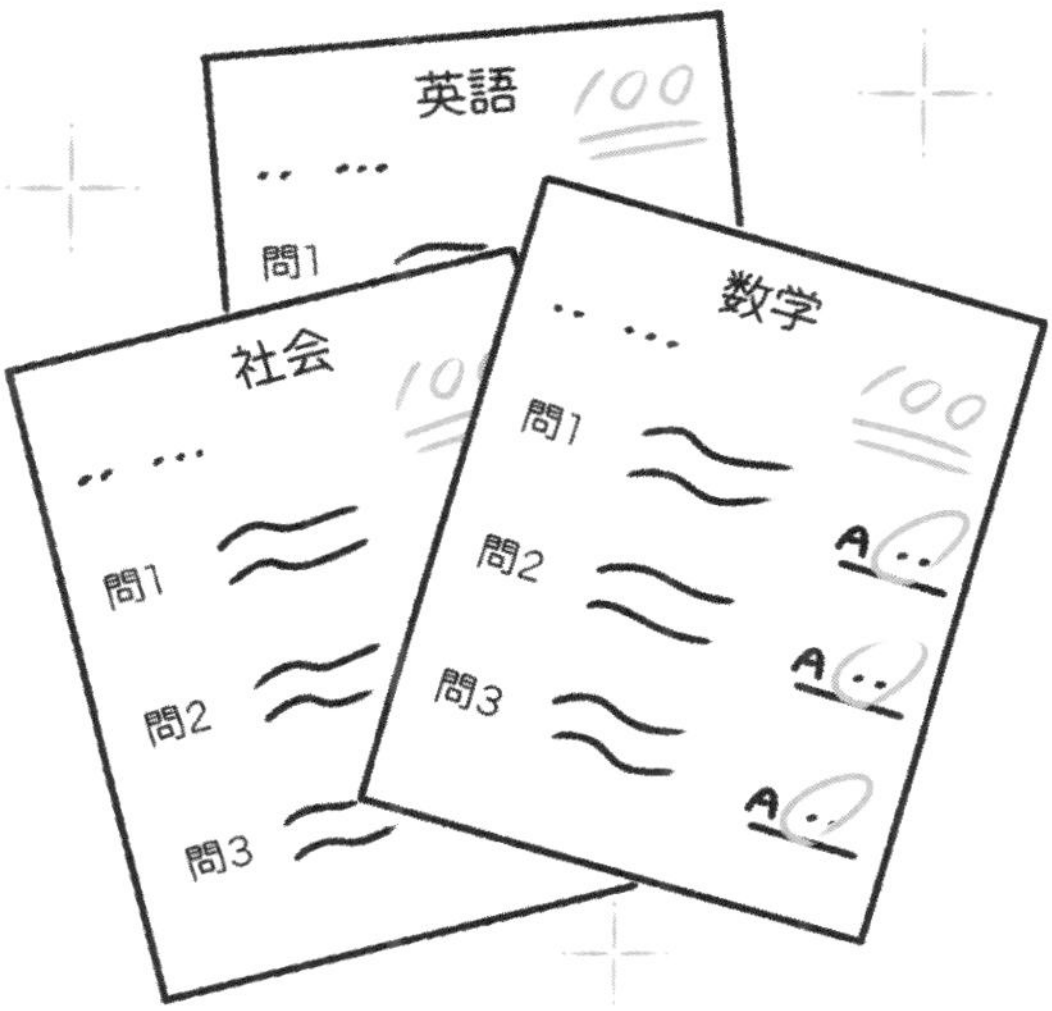

内申獲得のコツ 4

予習よりも「復習」を必ず優先する

予習は余裕がある人だけ、圧倒的に「復習」が大事

予習は大切ですが、**復習より予習の優先度は圧倒的に低いです。**なぜならば、入試問題というのは、すべて今まで習ってきた復習問題が出るからです。

予習をやる人の目的というのは、実際の授業で聞いたときに少しでもわかりやすく、先生の説明が聞けるようにすることです。ただし、これは余裕がある人がやることであって**余裕がない人は絶対に予習をするべきではありません。**そもそも学校の授業というものは何にも知らないゼロから教わる生徒のために組まれてるものなので、その授業をしっかり聞いて、

ノートを取っていれば、予習というのは必ずしもやらなくていいのです。ただ、余裕がある人は予習をしておくことで、自分の勉強のリズムが取りやすくなるというメリットもあります。

一方、**入試を意識した復習は必ず、１００%絶対に、中3の10月中までにやるべきことです。**なぜならば、(何度も言いますが) 入試問題ではすべて復習問題が出るから。今まで習ってきたことがパーフェクトにできているかどうか、それが問われています。なので日ごろから復習の習慣を身につけておく必要があります。学校の授業で手を挙げる場面でも必ず復習してきたことが聞かれるはずです。そこでしっかり「はいっ！」と手を挙げられるように、習ったことはこまめに復習しておきましょう。

入試問題ではすべて復習問題が出ると言いましたが、一部の難関私立の入試問題ではたまに高校範囲の問題が出てきます。既習範囲はすでにパーフェクトでしょうと言わんばかりに。難関私立校を目指すのであれば、過去問などを見て入試問題の傾向を分析するとよいでしょう。

内申獲得のコツ

5

先生への質問が「内申獲得の第一歩」

質問内容にこだわらず積極的に質問する

先生に質問をしてはいけないと思ってる人が一定数います。このページでは、なぜ先生に質問したほうがいいのか説明していきます。簡単に言うと**先生の記憶に残って心象をよくしよう**ということです。質問をよくしてくれる生徒の方が先生の記憶に残りやすいし、この子はここがわかっていないんだなという先生側の把握(はあく)にもつながります。

「みんな授業を聞いてわかっているのに僕だけわかっていない」と思って質問をすることを恥ずかしがる生徒もいます。わからないところはわからなくてもいいのです。授業を聞いて

100％理解できるとは限りません。授業を聞いてなにがわからなかったのか、どうわからなかったのか、漠然としていても、「先生、この部分をもう一度説明してください」といえば先生はわかりやすく教えてくれるはずです。

本当にぼやっとした質問でも、積極的にしてみてください。何を質問するのかが大事なのではなく、先生に質問するかどうかが大事です。本書を読んだ人には、質問の内容にこだわらず、とりあえず先生と接することが大事なんだと捉えてほしいです。ちなみに先生に質問する内容は勉強に関することに限ります（笑）。

内申獲得のコツ

6

学校のワークは○○○を目的にする

学校のワークは「周回」を目的にしてはいけない

学校のワークを中心に勉強をしている人は、学校のワークを使う目的を必ず明確にしないといけません。学校のワークをやる目的は2つ。**1つめは提出物であるワークの完成度を上げること。2つめは学校のワークの問題がテストに出てきたときに確実に解けるようにすること**です。

そのためにワークをどう解くのかというと3周にわけて解くことです。1周目はノートに解く、2周目は完成度をあげて、途中式なども事細かくワークに直接書く、そして最後の3

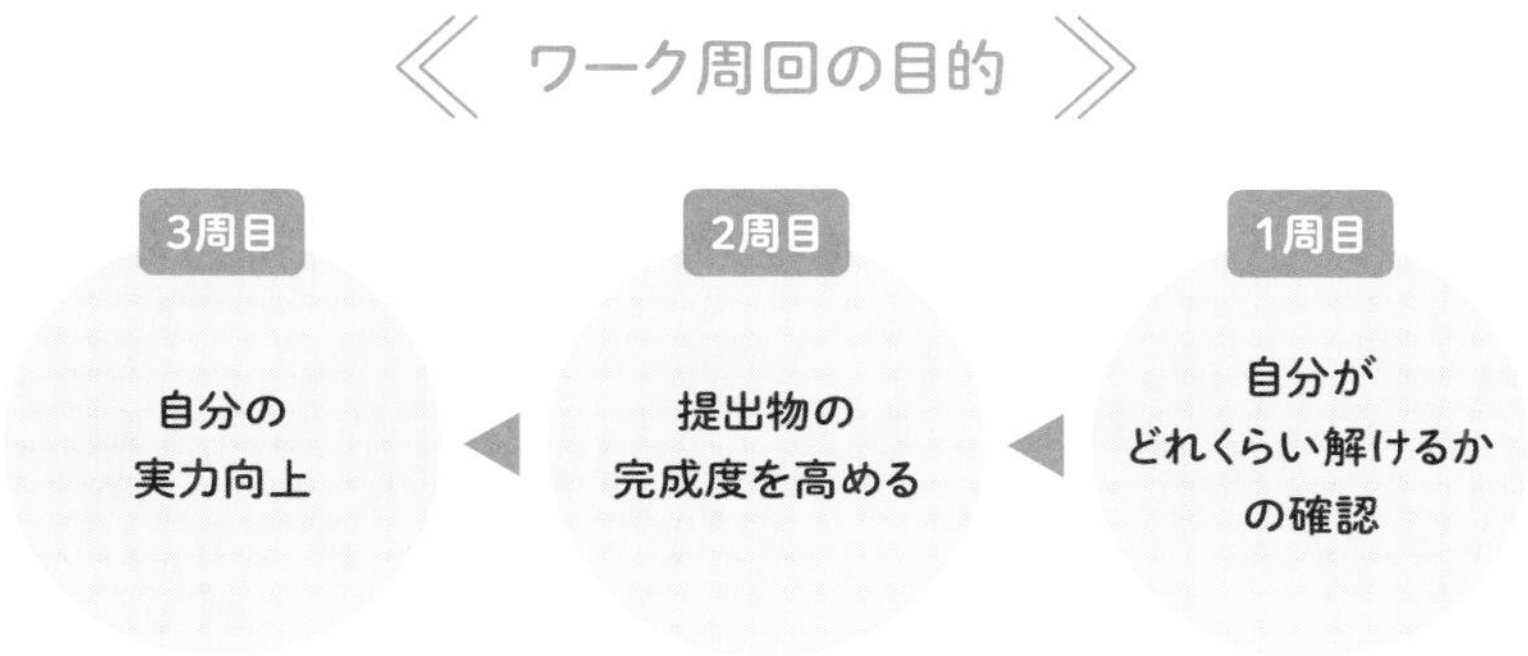
ワーク周回の目的
1周目
自分が
どれくらい解けるか
の確認
2周目
提出物の
完成度を高める
3周目
自分の
実力向上

周目は、2周目で直接書き込んだ部分を隠して、もう一度ノートに解く、ということです。

　この解き方には実は目的があり、1周目にノートに解くというのは、まずワークにはどんな問題があるんだろう、**自分は解けるかなという確認**のためです。そして2周目の目的は**提出物であるワークの完成度を高める**ことです。そして最後の3周目は、**ワークの問題を必ずできるようにするという自分の実力向上**のためです。僕は自分の生徒にはこのようにしてワークを解かせています。この3周をしっかり目的をもって解くことができれば、確実に定期テストの点数は上がります。そして絶対にやってはいけないのは、目的をもたず、なんとなく3周することです。

　ちなみにこれをやることで何点ぐらい取れるかというとMAX85点です。残りの15点は応用問題が出てくるケースが多いです。この比率については学校ごとに違いがあるので一概には言えませんが、おおよその目安としてはこのくらいだと思います。なので、85点までは学校で習ったことで取れるので、余裕がある人は別の問題集にチャレンジしてみた方が残りの15点が取りやすくなります。

＼内申獲得のコツ／
7

提出物で最高評価を獲得するには

ひと目でわかる熱量でアピールする

学校で出される提出物で最高評価を取るために考えるべきことは2つあります。1つめ、**学校の先生が何を書いて欲しいのかを的確に捉えること。**そして2つめは、**努力値がひと目で見てわかるようにすること**です。

大前提として、**量をとにかく書くこと**、これが最高評価を取るための最低条件になります。そして1つめの学校の先生が何を書いて欲しいのかを的確に捉えるには、授業中に隠されているヒントを見つける必要があります。どういうヒントかというと、「次の授業では深堀りした内容を説明するからみんなの感想を聞かせてね」というふうに提出物が出されることが多いです。つまり、次の授業では何をやるんだろうと予測して、提出物に反映してあげると先生は「学習意欲が高いな」と感じます。そして、注意して欲しいのは、まだ習っていない内容を載せるときは**自分で頑張って調べたよとアピールすること**が大切になってきます。「習っていない単元ですが、自分で頑張って調べて、結果こういうことがわかっていい予習になりました」など、先生が何を欲しているのかを的確に捉えてあげることで評価はきっと高くなります。

そして2つめの誰でもできることとしては、**ひと目見たときに頑張ったとわかるような提出物をつくる**ことです。たとえば、みんなが2行だけしか書いていないところを3行書いてみたり、プリントの裏まで書いてみたりする。つまり、+α（プラスアルファ）の部分をつけて、誰よりも書いたなと自信をもって提出物を完成させることです。

この2つが提出物で最高評価を取るために必要になってくることです。ほかの人に負けないぞという熱量を提出物に反映させることがすごく大事になってきます。

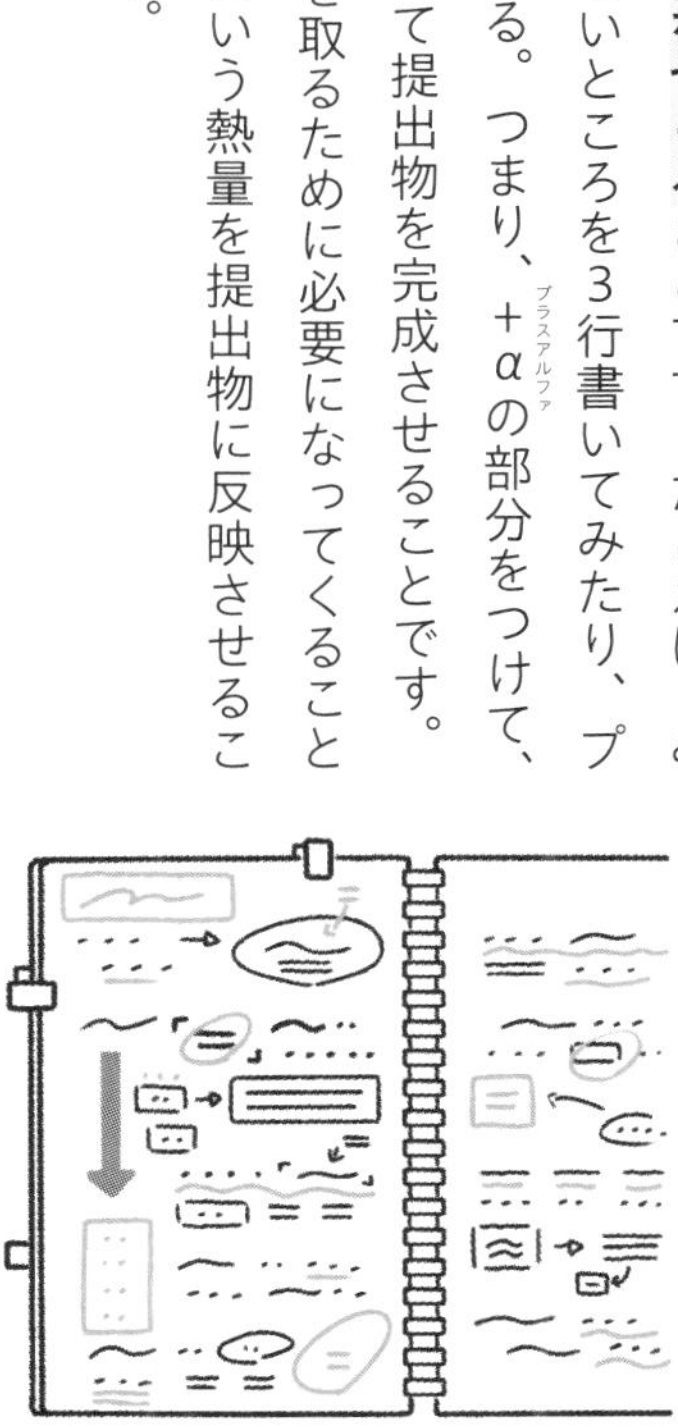

ラオ先生の受験記 2

志望校を決めた理由

実は僕、目標校を決めた理由は、非常に不純です。（笑）

まず、目標校を正確に定めたのは中１の３月。塾で先生から「志望校提出用紙」が配られ、半強制的に志望校を決定しなければならない状況でした。

そのときにちょうど目にしたのは「塾の合格者体験記」が載ったチラシ。今でもうっすら覚えているのですが、チラシの表面の下から２段目あたりに「東京学芸大附属高校＆慶應女子」に合格した女の子が１人載っていました。そして、めちゃくちゃ可愛かったんですよ。その子が。もう決まりました。目標校は学芸大附属です。その子を追いかけて入るぞ、と。そして一緒の高校に行って付き合うんだ！と。（笑）

結果、中３春まで第一志望校は学芸大附属にしていました。その後開成に志望校を変えることになりましたが、それまでこのモチベーションのおかげで努力することができました。P30のコラムでもお話したように、**「模試で50番以内に入る」ということが絶対条件**になったからです。志望校決定後、最初の模試で68位を取った時は、お風呂で湯船につかりながら泣いたものです。

その子には、今でも感謝しています。今、どうしているのでしょうかね？ この本を手に取って「あ、これわたしだわ」と思った方は、是非InstagramのＤＭでお待ちしています。（笑）

4章

成績が上がらない！

～点数が飛躍するテスト対策のコツ～

「テスト勉強頑張っているのになかなか成績が上がらない……」

ただやみくもに勉強しても限界があります。

ちょっと意識ややり方を変えて点数を伸ばす戦略、試してみませんか。

テスト対策のコツ 1

テスト対策は「逆算」で考える

自分がやらなければいけないことを割り出す

定期テストで高得点を取っている人の特徴は、**常に逆算で考えていること**です。逆算とはなんなのかというと、「**締め切り意識**」です。定期テストに向けてやらなきゃいけないことはいくつかあると思います。たとえば、数学や理科のワーク、各教科ごとのノート提出、またプリントの完成度のような提出物の部分。それから点数を取るために、英単語や社会の暗記なども2週間でやらなければいけません。1週間前までに何を終わらせておく必要があるのか、3日前までにはほぼ終わらせて復習やできなかったところをつめる時間にあてるなど**計**

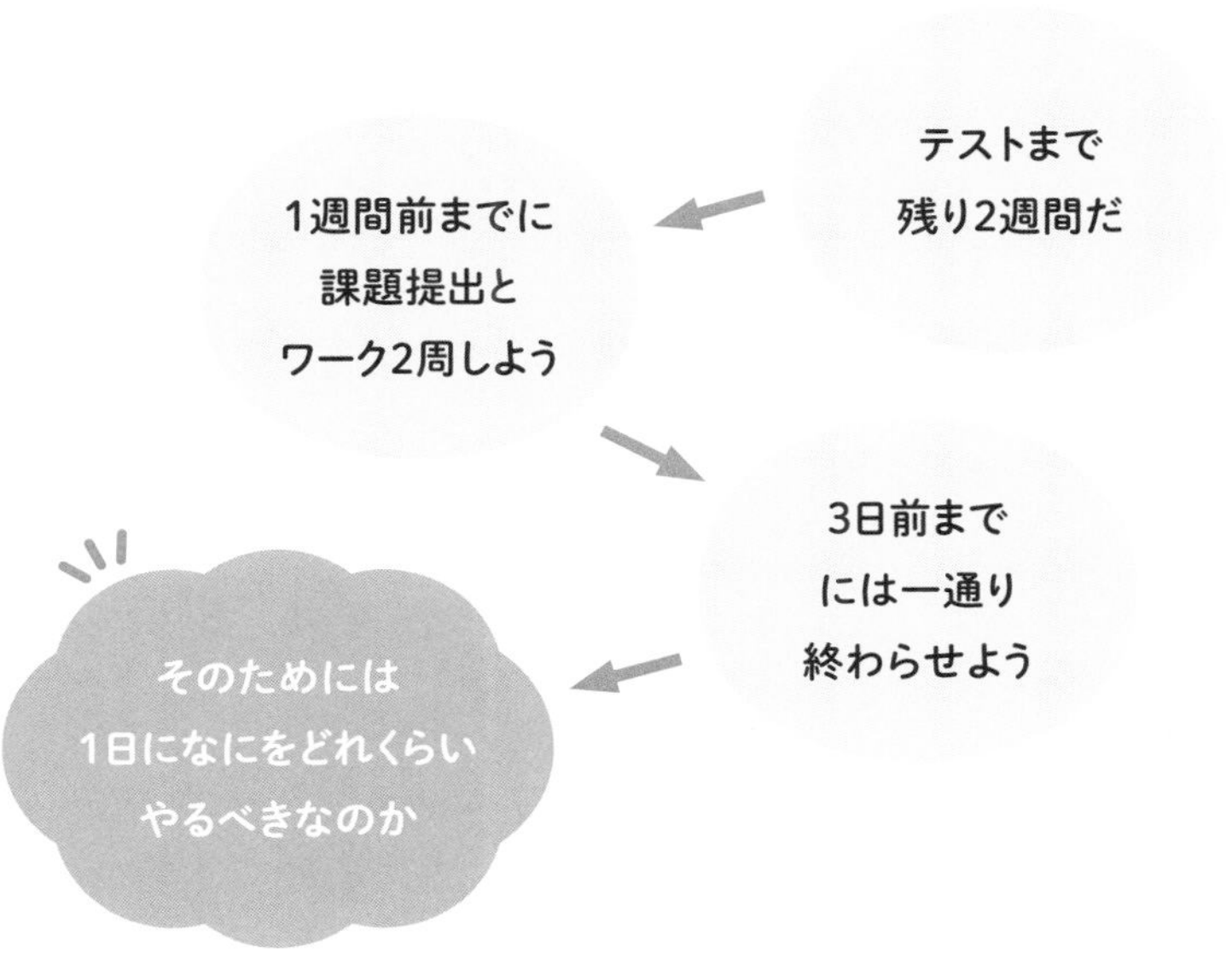
テストまで
残り2週間だ
1週間前までに
課題提出と
ワーク2周しよう
3日前まで
には一通り
終わらせよう
そのためには
1日になにをどれくらい
やるべきなのか

画性をもって勉強の予定を立てていく必要があります。

定期テストで何点取りたいという目標をまず決めたら、そこに到達するまでに自分はなにをしなければいけないのか考えてみてください。そのやらなければいけないことには大体どのくらい時間がかかるのか、試算でいいので出してみる。そして、それを日割り計算したときに**1日に自分がどのくらい勉強に時間を費やさないといけないのか**がわかってきます。これは定期テストだけではなく受験にも通ずる考え方です。年に数回ある定期テストは学力を計るという目的もあると思いますが、**入試に向けた「逆算的意識」「計画性」を培う練習**になると僕は思っています。あまり意識してこなかった人は入試に備えて年に数回ある定期テストで逆算する習慣をつけておく練習をしましょう。

テスト対策のコツ 2

定期テストは10点高く目標を立てる

志（こころざし）は常に高く、「悔しさ」がバネになる

「勉強ができる人」の基準として、**「定期テストでコンスタントに90点を取っている」**ということがあります。

でも、これを聞いて「よし、わたしも90点を目指そう」と思うようではいけません。90点を取るには、**満点を狙うくらいの意識が必要**です。

じつは、90点をコンスタントに取れている人は、90点という結果に満足していません。彼らの目標は100点満点です。100点を目指して勉強を頑張って、その結果90点になって

いるのです。定期テストで満点を取ることはかなり難しいです。基本問題を完璧にするのはもちろんのこと、参考書の応用問題も完璧にして、「どんな問題が出ても絶対に解ける！」という状態で臨んだとしても、ケアレスミスだったり、１００％カバーしているつもりでもそうでなかったパターンで満点を逃してしまうことがあります。

多くの人はたまたま90点を取ったときに大喜びしますが、勉強ができる人は90点でも**「悔しい」と感じています。**そのくらいの気持ちで勉強しているから、いつも90点以上を取れているわけです。**この「悔しい」という気持ちがバネとなり、次のテストに向けたモチベーションに大きくつながっていく**のです。

90点を狙えば80点になるし、80点を狙えば70点になります。目標というのは、取りたい点数よりも10点高めに設定してやっと達成できるものです。**志はできるだけ高く持つといい**でしょう。

テスト対策のコツ 3

学校のワークは一石三鳥

目的意識をもってワークを活用する

3章で目的をもってワークを3周するという話をしましたが、定期テスト対策という視点で、3周する意味を深堀りしてお話しします。ワークをしっかり活用できるかできないかで定期テストの点数は大きく変わると思っています。

まず1周目、これは自分がわからないところのピックアップ作業です。ワークの問題のどこがわからなくて、**どこができていなかったのかを自分でまず再確認**します。その時、ポイントとなってくるのが、教科書や参考書などのヒントとなるようなものを見ずに自力で解く

定期テストにおけるワーク周回の目的

1周目：わからない、できない問題の洗い出し
▶
2周目：問題を解く過程を意識し、インプットする
▶
3周目：本番を想定し解き、実力を確かめる

ということです。そうしないと本当にわからない問題の洗い出しができません。

そして2周目では、**提出物であるワークの完成度をあげます**。内申に関わる部分なので、しっかりと仕上げましょう。そのときに1周目でピックアップした、わからなかった問題に関しては、「これでもか」というぐらい丁寧に解いてあげましょう。ワークの完成度にもつながりますし、**どうやって解にたどり着いたかの過程を意識しながら解く**ことで、しっかりインプットすることができます。その際、どうしてもわからない場合はワークの解答や教科書を見ながらでも大丈夫です。

そして3周目では、絶対に解答を見ずに1から10まで自分で解けるか確認する作業です。**学校の定期テストだと思って解く**ことが大事です。わからないところは理解できるようになるまで繰り返し反復練習してください。

このようにワークをしっかり活用することで手堅い点数を取ることができます。

テスト対策のコツ

4

テスト3日前までに全教科を一通り終わらせる

ラスト3日はひたすら反復練習

3日前までに勉強を終わらせる、**これは90点以上狙いたい生徒は必須**です。終わらせるというのは、**テスト範囲に関する自分の持っている問題集やワークを3周しているという状態**です。

なぜ3日前までに終わらせなければいけないのか。たとえば、スポーツの大会、テニスやバレーボールの大会を想像してみてください。そういった大会では自分の実力を100%発揮したいと思いますよね。そのためには基本的な練習はかなり前に終わらせてますよね。サー

ブの打ち方、ボールの扱い方なんてものはだいぶ前に終わらせていて、ラスト3日ではとにかく反復練習をします。テニスであればとにかくラリーを続ける、サーブをしっかり相手のコートに入れる練習をする、こういった最終調整をして大会に臨みますよね。

勉強でも同じことが言えます。90点以上、満点近い点数を取りたい生徒というのは、3日前までに、すべての勉強を終わらせて、ラスト3日でひたすら反復しています。できないところをできるようにするのはもちろん、**「この問題が出たらこう解くんだ」と体にすりこませているの**です。ここまでしてようやく90点以上の点数を目指すことができます。

また、よくいただく質問として、どの教科に比重を置けばいいのかというものです。**主要5教科に関しては定期テストの2週間前から1週間前までに全振り、もしくは9割くらいの力を入れるといい**です。いわゆる実技4教科というのは直前に詰め込んで、テストで満点を取るというのが理想です。なので1週間前からはじめても問題ありません。1週間前は、主要5教科と実技4教科の比重を3：7にしておくとよいです。**ラスト3日では問題集などで自分が間違えた問題だけをピックアップして反復**しておくとよいです。

	主要5教科		実技4教科
2週間前	9	：	1
1週間前	3	：	7

テスト対策のコツ 5

テスト直前は「自信のない問題」をつぶす

直前は効率よく点を取れる勉強方法を意識しよう

「テスト直前は苦手教科、得意教科どちらをやるべきですか?」と聞かれることがあります。もちろんどっちもやってほしいのですが、直前にやるべきなのは「**自信のない問題**」です。

テスト直前はみんな、学校のワークだったり、過去問を持ってる人は過去問を見たり、塾から定期テスト対策問題をもらっている人はそれを見ますよね。そのなかで自分が解けて自信がある問題はやらなくていいです。直前であれば最低でもワークなどは1周しているはずなので、そのなかで**自分が解けなかった問題をつぶしてください。**

できないところを直前につぶすことで、テストに出てきたときしっかり点数をとることができます。テスト直前は「**いかに点数を伸ばす勉強」ができるか**がポイントとなってきます。

テスト直前は、自信がない問題をつぶしてくださいと言いましたが、**「得意教科のなかで自信のない問題」**をやったほうが点数を取りやすくなります。「苦手教科の自信のない問題」を完璧にしようとすると、基礎のほうから学び直さなくてはいけなくなり、「ここ、本当に理解しているのかな」と直前になって不安になってしまうパターンもあります。「得意教科の自信のない問題」をつぶすことで「満点とるぞ！」とモチベーションアップにもつながります。

テスト対策のコツ

6

ケアレスミスは「メンタル」の問題

「絶対間違えない」という強い意識をもつ

「ケアレスミスの治し方」。これはよく生徒から聞かれます。結論を言えば、治る人はすぐ治るし、治らない人はなかなか治りません。定期テストで90点以上取っている生徒でさえ、ケアレスミスはしますし、１００％ミスをなくす方法があれば僕が知りたいくらいです（笑）。ただし、ケアレスミスを意識的に減らすことはできます。それは、ケアレスミスをする人としない人の違いを考えればわかると思います。

ケアレスミスというのはいわば、自分の注意不足だったり、見直し不足だったり、検算の

やり方が間違っているなどの要因が大多数です。これらをしっかりやり込めば、一定のミスはなくなります。ただ、ここもバランスが大事です。丁寧に解くことを意識するあまり時間配分をミスしてしまうことがないようにしないといけません。またケアレスミスをよくしてしまう人は、**ミスのパターンを分析してみてください**。計算ミスが多いのか、時制を忘れてしまうのか、それぞれやりがちなミスがあると思うので、そこを意識してみてください。

ケアレスミスをゼロにするというのは**最終的にはメンタルの問題**です。「絶対に間違えられない、ここは満点を取らなければいけない!」ぐらいの勢いでも間違えるときは間違えてしまいます。しかし、この意識を持つのと持たないのでは、ミスが起こる頻度(ひんど)は変わってきます。徹底的に見直すこと、**絶対に間違えないという意識を持つこと**、これが一番ケアレスミスをなくす上で大事なことだと思います。

テスト対策のコツ

7

スキマ時間を有効活用する

携帯のスクリーンタイムの時間を減らす

スキマ時間を有効活用すると成績は上がります。当たり前のことですよね。一体スキマ時間ってどのくらいあるのだろうと思う人もいると思います。「部活もやっていて、塾も行ってるし、スキマ時間って言ったってせいぜい1時間くらいなんじゃないのか」と思う人が多いのではないでしょうか。**スキマ時間は1日10時間ある**と僕は思っています。なぜかというと、みなさんの携帯のスクリーンタイムを見てみてください。みなさんの携帯の**スクリーンタイムがスキマ時間**だと僕は思っています。

今の時代はみんなスマートフォンを持っていて、時間があればつい見てしまう人が多いですよね。**携帯のスクリーンタイムの時間をいかに減らして、その時間を勉強にあてるのか**が、スキマ時間の攻略につながると思います。

また、勉強ができる人はスキマ時間ではそこまでハードルの高い勉強はしていません。たとえば、英単語10個覚えてみたり、漢字問題を解いてみたり、簡単な計算問題を解いてみたりなど、**1分でできそうなことをスキマ時間を使ってやっています。**英語の長文や数学の応用問題をスキマ時間にやるのはナンセンスです。紙とえんぴつが持てない状況でもできることをスキマ時間を使ってやるとよいです。**ハードルが高いものではなく、ハードルを低くしてあげる、そしてそれをスキマ時間を使ってちゃんと詰めていく。**これがスキマ時間の勉強法です。

次のページでは僕のオススメしたいスキマ時間の勉強法を具体的に3つご紹介していきます。

スキマ時間のオススメ勉強法 ３選

スキマ時間にオススメな勉強法を３つご紹介します。まず前提として、スキマ時間というのは紙やえんぴつが持てない状況が多いです。そのなかでやるべきことは基礎や復習問題です。基礎は何度反復しても損することはありません。ここではそんな復習力が上がるような勉強のコツをお伝えしていきます。

①過去に解けなかった問題をプリントして持ち歩く

過去に解いたテストや問題集で自分が解けなかった部分を紙に印刷します。それを持って登下校するなどしてもいいです。これは１回解いているから、えんぴつを持たずとも問題の解き方の過程などが頭に入ります。時間を置いてそのプリントを見ることで、１回頭がリセットされている状況なので、解き方の復習ができます。１００％復習する必要はなくて、解き方さえ理解できればあとはえんぴつを動かすだけいいのです。印刷するという手間はかかりますが、ぜひ試してみてほしい勉強法です。

②暗記物はアプリを使うのがおすすめ

英単語を勉強するときにオススメしたいのが、スマホアプリが付属している単語帳です。中学生であれば登下校中は単語帳を持って勉強できるし、休日や塾に行ってる間とかはスマホにアプリを入れることで、単語帳を持っていなくても同じように勉強ができます。同じようなことが社会の勉強でも言えます。ただ社会は量が膨大（ぼうだい）なので、必ず問題を絞（しぼ）ってください。歴史であれば時代ごとに区切ってしまってもいいです。教科書や問題集の勉強する時代だけプリントして、持ち歩く。この１枚だけ覚えればいいんだと自分のなかでハードルをなるべく下げてあげることが暗記勉強のコツです。

③友達と予想問題を立てる

これは僕がよくやっていた方法なんですが、テスト前とかに友達と雑談するタイミングで、「お前はどんな問題出ると思う？」「これとか出そうじゃね？」とお互いに予想を立ててみるんですね。そのときに「やばい、わかんない…」となったらその場ですぐ調べる、もしくは友達にすぐ聞くことができますよね。逆に友達の方がわからない場合は教えることになるので、アウトプットにもなりますよね。この方法は、当事者意識が強くなるので、わからなかったときは絶対に身につけようとなります。

テスト対策のコツ

8

「本番で後悔したくない」をモチベーションにする

頑張ってきた自信が緊張を打ち消す

勉強ができる人は、模試や定期テストなどの大きな試験のときも落ち着いています。試験日までにしっかり勉強して、**「やるべきことをやってきた」という自信があるので、不安にならない**のです。

もちろん、緊張は誰でもします。試験会場の普段と違う雰囲気にドキドキすることはあると思うので、「緊張しちゃダメ」ということはありません。むしろ、「最後までミスしないようにしよう」と緊張感を持つことは大事です。

ただ、「もっとやっておけば……」という後悔があり、そのために不安になって緊張するのはよくありません。そして、**勉強ができる人は後悔がないからテストの問題用紙が配られたときも落ち着いていられる**のです。

過度な緊張はケアレスミスにつながりますし、普段解けている問題が解けなくなってしまうこともあります。きちんとテスト前に勉強してきた子がテスト本番で緊張するあまり、思うような点数を取れなかったことを何度も見てきました。普段だったら絶対に解けていたのに緊張のあまり頭が真っ白になってしまったとのことです。頑張ってきた分の成果を発揮できないと、とても悔しいですよね。そうならないようにするためにも、テスト前は、**「本番で後悔しないように、できる限りやりきろう」**という気持ちで勉強するようにしましょう。「自分は努力したんだ」という自信が、本番のメンタルコントロールにも役立ちます。

テスト対策のコツ

9

資料集の端っこにも目を向けてみる

授業で習ったこと以外のところで点数の差がひらく

勉強ができる子には、知的好奇心の高い子が多いです。

「テストに出るよ」と言われた内容だけでなく、**授業で触れられていない資料集の端っこまで自発的に読んでいます。**そういう生徒は知識を吸収しやすいので、受験勉強もうまくいく傾向にあります。

学校や塾の授業はだいたい1回50分。ひとつの単元に使える時間は限られているので、どうしてもすべての内容に触れることはできません。先生は要点やテストに出やすいところだ

け教えて、「細かい部分は各々で読んでね」と言って終わります。

ほとんどの生徒は、先生が話していた内容だけを勉強して、細かい部分にはあまり目を向けません。しかし、授業で習っていない内容も、**教科書や指定の資料集に載っていればテストに出る可能性があります。**だから、資料集の端っこまで読んでいるとほかの子には解けない問題も解けるようになり、差がつきます。

とくに暗記系の科目は、「こんなの授業で教えてもらっていない！」と思ったことがテストに出て、実は資料集の端っこに載っていました、なんてことはざらにあります。授業で習ったことだけがテストに出るのだとしたらほとんどの人が高得点を取れることになります。学校によって一概には言えませんが、中学校の定期テストでは平均60点を目指して先生はテストを作成します。暗記系の科目で平均60点を目指すとすると、重箱の隅をつつくような問題も出てきます。

そういったときに資料集の端っこまで読んでおくことで、みんなと点数の差をつけることができます。受験でも絶対にいかせることなので、ぜひ**授業で触れられなかった部分にも興味を持つ**ようにしてみましょう。

親ができる受験サポート

2

親は子どもの勉強に口出しするべき？

子どもの勉強に口出ししていいのかとよく保護者さんから聞かれます。宿題をしているのか、テスト勉強しているのか、と心配する気持ちはわかりますが、それは**親のエゴ**です。子どものことを信じて見守ってあげてください。親に信用されていないと感じると、子どもはどんどん心を閉ざしていき、本当に助けが必要なときに親を頼らなくなってしまいます。親は子どもが助けを求めてくれたときにしっかり一緒に問題を解決してあげられる存在になってください。**安心感を与えてあげる**ことが大事です。

ただ、それでも我が子のことで、どうしても気になってしまう親御さんもいると思います。そういうときは、「私たちが求めているのはここぐらいのレベルだよ」ということを**努力値ではなく結果を示してあげる**と、子どもはその結果に向かって頑張るようになります。ただ、その結果もあまりにも高い水準のものではなく、子どもが頑張ればできそうなレベルに設定してあげてください。達成できたら思い切りほめてあげ、ダメだったときはどうしたらよかったのか一緒に考えてあげてください。子どもの行動に口を出すのではなく、**「導く」意識をもって接してほしい**です。なんでも親の言う通りにしてしまうと、子どもがたとえいい結果を出したとしても、大きな成功体験につながらず、自信にもつながりません。

子どもの行動に対して細かく口を出すのではなくて、自分が求めていることはこれだよとしっかりと明示してあげることが、勉強のサポートにおいてはいいきっかけになると思います。

5章

やる気が出ない！

～習慣化できる「自宅学習」のコツ～

自宅学習に身が入らない人、多いと思います。
やる気だけではどうしようもないとき、
仕組みや習慣に頼る自宅学習のコツがあります！

自宅学習のコツ

1

勉強とスマートフォンの付き合い方

スマホとは物理的距離を取る

スマートフォンでゲームをしたり、ＳＮＳを通して友達とつながるのは楽しいですよね。

ただ、**受験においてスマホはもしかしたら「最大の敵」になる**かもしれません。スマホをうまく使った勉強法などもありますが、ＳＮＳの通知などが来て、集中力が切れてしまうなどのデメリットもあります。学校や塾ではともかく、自宅学習においては「**自分からスマホと距離を取る**」ことが大事です。

具体的にはどうするのかというと、絶対に**勉強している部屋にスマホを置かない**ことです。

塾であれば塾の先生に預けたり、自宅であれば親御さんに預けるなどしてみてください。その際電源は必ず切っておくこと。よくマナーモードにして、机の上に置いて勉強している生徒がいますが、触れる距離にスマホがあるのはあまりよくはありません。つい、ひと段落したときに見てしまい、1分見るつもりが、気づいたら10分経っていたなんてことになりかねないです。

またよくある質問で「休憩中にスマホは触っていいですか？」というのもあります。僕はなるべく触らないほうがいいと思っています。休憩中は自分が勉強している部屋から出て、**空気を入れ替えたほうが頭も血流もよくなり、次の勉強に集中しやすくなる**からです。

スマホを触りたくなる気持ちは僕もすごくよくわかるのですが、自分が今やらなければならないことをしっかり思い出して、やるべきことをやってからスマホを触るようにしましょう。

自宅学習のコツ

2

音楽を聴きながら勉強するのはNG

頭を使わない作業であれば音楽を聴きながらでもOK

音楽を聴きながら勉強するのは正直オススメしません。基本的に勉強というものは、音楽を聴きながらやらない方がいいです。勉強というのは、いわゆる自分がまったく知らない知識や、身についていないものを身につけるという作業です。その作業中に邦楽や洋楽の歌詞がついているものを聴いてしまうと、絶対に集中できなくなります。自分の頭で新しいことをしようとしているのに、もう1個新しい情報が追加されている状態になるからです。

音楽を聴くのは NG な勉強	音楽を聴いても OK な勉強
集中力を要する勉強	単純作業
計算問題、英語の長文、暗記物を覚えるとき など	漢字の読み書き、学校の課題 など

ただ一方で、音楽を聴いてもいい作業もあります。1つめは、漢字の読み書きの練習、2つめは学校の宿題であったり、提出物を終わらせるとき。3つめはいわゆる単純作業と呼ばれるものです。こういったものに関しては、音楽を聴きながらやってもいい作業になります。とにかく埋めればいい、とにかく書けばいい、とにかく練習すればいいというような**あまり頭を使わない勉強で、自分のモチベーションをあげるために音楽を聴いて作業効率をあげるのはＯＫ**です。

何度も言いますが、基本的に勉強中に音楽を聴くのはＮＧです。計算問題を解いているときだったり、英語の長文を解いているとき、なにかを覚えようとしているときなどは絶対にうまくいきません。音楽を聴きながら勉強している習慣がついてしまっている人はもしかしたら効率よく勉強できていない可能性があるので、集中力を要する勉強のときだけでも音楽を聴くのはやめてみましょう。

自宅学習のコツ

3

勉強をはじめるときは「白紙1枚」を用意する

自分がやるべきタスクを書き出し、整理する

勉強をはじめるとき、多くの人は先に教科書なり、問題集なり、プリントなどを出すと思います。僕がオススメしたいのは、まず**白紙1枚を用意すること**です。

勉強をはじめるとき、自分がやらなければいけない勉強をあげろと言われると、10個ないし20個はあがってくると思います。たくさんやらなければいけないことがあるときに起こりうるのが、**なにから勉強したらいいのかわからなくなる**ことです。

もちろん、一番にやらなければいけないという明確な優先順位がある人はそれをやればいい

いのですが、多くの人は手当たり次第やってみたり、楽そうなものから片づけてみたりするのがほとんどだと思います。

そのときに白紙1枚を取り出して、まず自分がやらなければいけない問題だったり、終わらせなければいけないタスクを書き出してみてください。1週間分のタスクをすべて書き出していくイメージです。これがまずファーストステップで、セカンドステップでは、書き出したものから1日6個までを抜き出していきます。今日はこれとこれをやろう、明日はこれとこれ、など**1日6時間以内で終わるようなものを抜き出してください。**少し時間がかかったとしても1日あれば終わるようにしておくと計画が立てやすいですし、到底終わらない量をやらなければいけないときよりも気持ちの負担が少なくなります。

勉強をはじめるときは、まず白紙1枚を取り出して、計画表を簡単でいいからつくってみる。そうすることで**今自分が何から勉強しなければいけないのか**が明らかになります。

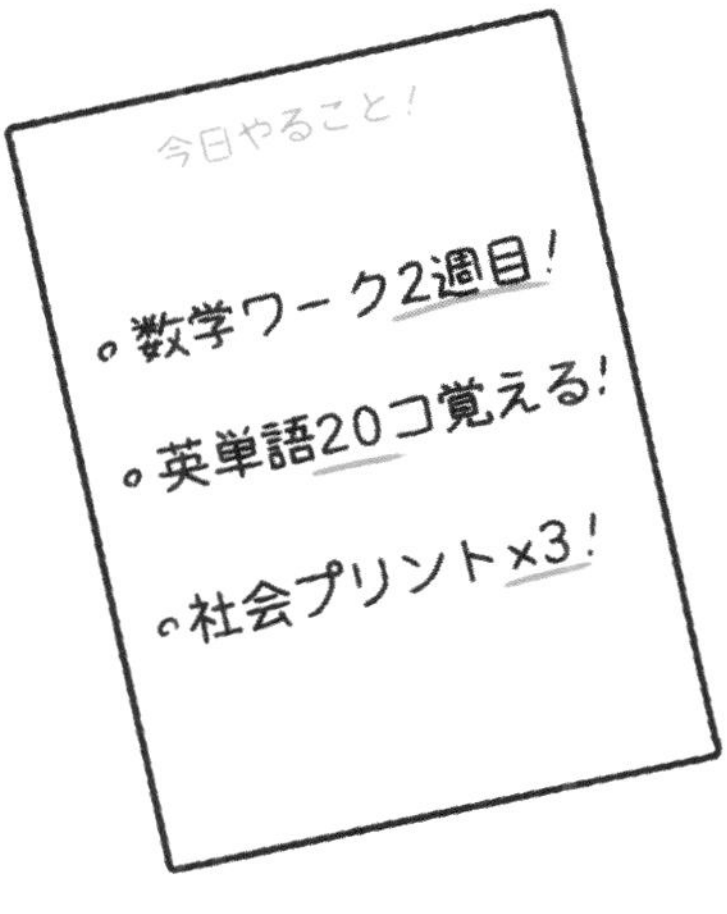

今日やること！
数学ワーク2週目！
英単語20コ覚える！
社会プリント×3！

自宅学習のコツ

4

「簡単な計算問題」で勉強モードに入る

スムーズに勉強をはじめるための準備運動

勉強をはじめるとき、人によっていろいろな勉強のはじめ方があります。簡単な問題から終わらせていくスタイルから面倒くさいものから終わらせていくスタイル、それから苦手教科からやろうとする人、得意教科からやろうとする人、いろいろあると思いますが、僕のオススメの勉強のはじめ方は**頭を勉強モードに切り替えるための問題を解く**ことです。

具体的にいうと、とても簡単な満点を目指せるような計算問題を20～30問用意して、そこからはじめていく方法です。比較的簡単な問題なので、頭をフル回転させなくても解け、疲れることはありませんし、**正解することでやる気や自信にもつながります。**

そうすることで頭を勉強モードに切り替えることができますし、どんな問題に対してもスピード感をもって取り組むことができます。まずは20問、多いと感じる人は10問からでもいいので、簡単な計算問題で満点を取ってから次の勉強をはじめてみましょう。**スムーズに勉強をはじめられる**と思います。

とくに自宅での学習だと、なかなか勉強モードに入るのは難しいと思います。5章のはじめで「スマホと物理的な距離を取ることが大事」だとお話ししましたが、頭を切り替えることも大事になってきます。

自宅学習のコツ

5

朝と夜、どっちのほうが効率よく勉強できるのか

朝は計算問題、夜は暗記物がオススメ

朝と夜、どちらが効率的に勉強できるのか。人それぞれ異なるので、**自分に合っている勉強をすればいい**と僕は思っています。ただ俗にいう、「夜勉より朝勉のほうがいい」とされている理由は、**睡眠時間をきちんと確保してください**ということです。よくテスト前とかに深夜3時、4時まで勉強して、睡眠不足の状態でテストに向かう人が一定数いますが、それだけはやめてください。いくら夜に勉強した方がはかどるとしても、必ず睡眠時間はテスト直前でも5時間はとってください。睡眠不足の状態だと、日中、学校や塾で勉強したことがな

かなか定着せず、結果としてイチからまた学びなおさないといけなくなり、二度手間になってしまいます。

ただ、朝にやるのと夜にやるのと、それぞれ効率のいい勉強はあります。まず**夜にやった方がいい勉強は基本的に暗記物**です。なぜ暗記物がいいのかというと、寝ている間に1回頭がリフレッシュされるので、夜に覚えたものは、定着しやすいからです。逆に朝に暗記物をやると、1日のスケジュールをこなし夜になると忘れてしまうことが多いです。

そして朝、何を勉強したらいいのかというと、簡単な問題で頭を起こしてあげるのがいいと思います。朝は眠いのでいきなり問題集をがつがつ解いたりしても、いつもより時間がかかるだけでなく、ケアレスミスなどをしてしまいます。**一番のオススメは簡単な計算問題だったり、数学のワークだったりからはじめてみる**と頭がすっきりし、次の勉強がはかどるようになります。朝は脳科学的にも1日でもっとも脳が活動的な時間だといわれています。その朝に、思考力が問われる**数学や理科の問題**だったり、少し難しい応用問題だったりをやると効率よく勉強することができます。また、朝は脳がリフレッシュしていて、やる気がでる時間帯なので、普段なかなか気が乗らない**苦手科目の勉強**をしてみるのもオススメです。ぜひ時間帯を意識しながら、効率のいい勉強を心がけてみてください。

自宅学習のコツ

6

親から「勉強しなさい」と言われないために必要なこと

ここでは、中学生に読んでいただきたいところと親御さんに読んでいただきたいところがあります。受験は家族の応援やサポートが大変重要になってきます。ぜひ親子で読んでいただきたいです。

〈中学生のあなたへ〉

「勉強しなさい」と親から言われると、「これからやろうと思っていたのに」「裏できちんとやっているのに」と、イラっとする人も多いのではないでしょうか。でも、「勉強しなさい」と言われてしまうのは、勉強していることが親にアピールできていないためです。頑張っていることがきちんと伝わっていないのです。だから、「勉強しなさい」と言われたくなければ、さりげなくアピールをすればいい。たとえば、宿題が終わったら、やり終わった問題集など

を机の上に出しておくのです。それを親が見れば、「宿題やったの？」と聞いてくることはありません。「勉強しなさい」と言われるのが嫌なのであれば、こちらから「ちゃんと勉強を頑張るよ」「今頑張っているよ」とアピールをするようにしましょう。頑張りが伝われば親は安心し、そっと見守ってくれるはずです。

〈親御さんへ〉

「勉強しなさい」と言いたくなるのは当然です。でも、自分が学生だった当時のことを思い出してみてください。「勉強しなさい」と言われて、どんな気持ちになったでしょうか。「頑張っているのに」と不満に感じたのではないでしょうか。そして、「あれこれ言わず応援してくれる親ならいいのに」と思ったはずです。親はどうしても、子どもに対して「こういう子になってほしい」と思ってしまうものです。子どもが心配だからこそ、「勉強する子になってほしい」と、口を出してしまうんですよね。でも、考えるべきは逆。当時の自分が、「こういう親になってほしい」という親になれているかが大切です。

そして子どもは、親に対して「応援してほしい」と思っています。「ああせい」「こうせい」と指示をするのではなく、そっと見守り、「いつも頑張っているね」と声をかけてあげましょう。親御さんの温かい応援が、きっと子どもの支えになるはずです。

自宅学習のコツ

7

やる気だけに頼らず、仕組みに頼る

やる気だけで続けるのには限界がある。勉強できる環境を整えよう

勉強しなきゃいけないのに、やる気がなかなか湧かず、勉強に身が入らない経験って誰しも経験したことがあると思います。とくに自宅学習の場合、言い方は悪いかもしれませんが、自分次第でいくらでもサボれる環境になってしまいます。そういった環境にしないためにもやる気という気持ちに頼るのではなく、仕組みを活用して、勉強できる環境にすることが大切になってきます。

とは言ってもやる気は少なからず欲しいものです。なぜやる気がでないのかを自分で振り

返ってみる必要があります。そしてやる気の出ない原因をなくしてあげることができれば、おのずと勉強に意識を集中させることができます。

たとえば、彼氏彼女、友だちからなかなか連絡が来ず、モヤモヤしていて勉強に集中できない。（意外によくこういう悩みを聞きます）もちろん、恋人や友だちと仲良くすることは大事ですが、お互い勉強の足を引っ張ってしまっては本末転倒です。そういったときは「今から3時間くらい勉強に集中するからごめんね」と言っておくなどして**自分から距離を取ることが大事**になってきます。

またよくあるのが、スマートフォンをいじってしまうこと。前のページでもお伝えしましたが、本当によくある問題なので、繰り返しお伝えします。やる気があるなしに関係なく、触れる距離にスマホが置いてあって、なにかしら通知が来てしまうと、続いていた集中の糸がぷつんと切れてしまいます。そうならないためにも、**手元からスマホを遠ざける環境をつくってあげることが大事**になってきます。いくらでも方法はあって、たとえば鍵のついたボックスにスマホを入れて誰かに預けてみたり、僕の塾の場合は学習スペースとは離れた場所に充電できるスペースがあるので、そこで充電させることでスマホと物理的な距離を取ることができます。やる気という気持ちをつくりだすことも大事ですが、**やる気がなくても勉強に気持ちが向くような環境や仕組みというものを有効活用**してほしいと思います。

自宅学習のコツ 8

勉強を習慣化できている人とできていない人の差はどれくらい？

塵（ちり）も積もれば山となる。
毎日の少しの差が大きな差になる

勉強を習慣化できている人とできていない人の差はどれくらいになるのか。これは数字を使って説明したほうがわかりやすいと思います。**勉強が習慣化されている人はべつに毎日勉強しているわけではない**んです。

たとえば週5日、2時間勉強するクセがついていたとします。この時間は塾の時間を含めてもいいです。そうすると1週間で10時間、月で40時間、1年で４８０時間の勉強時間が確保できていることになります。

	週に5日×2時間勉強している人	週に2日×1.5時間+1時間勉強している人
1週間	10時間	4時間
1月	40時間	16時間
1年	480時間	約200時間

1年で約280時間の差がでてしまう

逆に勉強習慣が身についていない人だと、強制的に塾に通って1.5時間の授業を週に2回受けたとします。塾の復習や課題をやるために毎週プラス1時間勉強すると、週で4時間。月で16時間、1年だと約200時間程度しか勉強時間が取れないです。1年で約280時間の差ができてしまうことになります。

280時間でどれくらいの勉強ができるというと、簡単な計算問題を1分で解くとしたら、1万6800問の計算問題を解くことができます。この差で大きく学力が開いてしまうことになります。

勉強を習慣化するためには、毎日少しでも勉強が進められるように**今日の勉強は何をするのかを事前に決めて、毎日必ず勉強するという意識を持つことが大事**になってきます。これが後々、偏差値の差になり、学歴の差になり、将来の仕事の選択肢の幅の差になってきます。

ラオ先生の受験記 3

怒涛の夏休み

僕が夏休みのころ、勉強は全然進めていない方でした。基本的に勉強は受け身のスタイルで学習を進め、先生から言われたことをどんどん進めていくスタイルでした。

ただ、**生活リズムを崩したことだけはありません**。1日のはじまりは5時半。これは小学生時代からずっと続けていたので、親に感謝ですね。このあと朝ごはん・歯磨き・そして朝シャワー等を浴びたあと、塾に向かうのが朝 9:30 頃。学習塾の授業が始まる 13:00 まで、自習室に入り浸り、前回の宿題の確認と当日行われるミニテストの出題範囲をとにかく周回していました。逆に言うと、それ以外の勉強はしていませんでした。とくに自分で買った参考書などもなく、毎回課されるミニテストで 100 点を取ることだけを意識して。「**100 点以外は 0 点。**」この思考が、ひとつのことを完璧に仕上げ続けることができた要因になりましたし、かなり僕の勉強力というものを支えていたと感じます。13:30 ～ 18:30 は塾の授業だったので、ただひたすらに解く。解く。解く。解説を聞いて、解く。解く。解く。間に1時間ほど休憩がありましたが、全く勉強はせずしっかり友達とわいわいして、19:30 ～ 21:30 まで授業。22:00 に塾を出て、家に帰るのが 23:00 頃です。そこからお風呂に入りご飯を食べて、寝る…と思いきや、僕の右手には PSP。プロ野球スピリッツの試合を1試合やって寝る、というスケジュールでした。（笑）狂ったように勉強していたのは塾の時間だけで、それ以外は友達と話したり、ゲームをしたりと有意義な時間（なのでしょうか、笑）を過ごしていた記憶です。要は、「**やるときにちゃんとやれ**」って話ですね。

6章

どれくらい勉強すればいい？

～バテない勉強計画のコツ～

受験までの時間は限られています。
マラソンと同じでハイペースで走り続けると途中でバテます。
計画的に、バテない勉強のやり方、試してみてください。

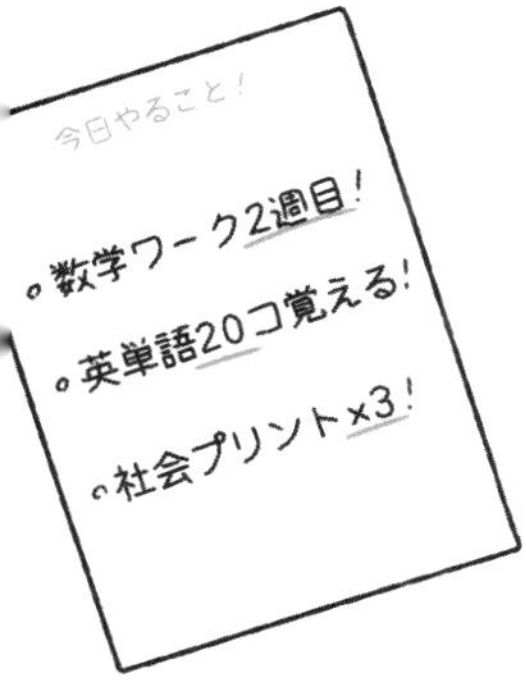

今日やること！
・数学ワーク2週目！
・英単語20コ覚える！
・社会プリント×3！

＼勉強計画のコツ／
1

勉強のモチベーションの上げ方

勉強に集中するための環境を整える

「勉強のモチベーションが上がりません」という相談をよく受けます。

モチベーションが上がらない要因はいくつかあると思います。たとえば今人間関係でうまくいっておらず勉強に身が入らない、直近ですごく悪い点数を取ってしまい、勉強しても無駄なんじゃないかと思ったり、テスト勉強や課題をやらなければいけないと思いつつも、いざ目の前にすると逃げたくなってしまったり、など。いろいろな要因はあると思うのですが、**モチベーションが上がらない要因は勉強ではないことにあるのがほとんど**です。要は自分の

身の回りの生活だったり、環境が不安定で、勉強に集中できないので、まずはしっかり勉強するための環境を整えてください。人間関係のせいで勉強に集中できないのであれば、関係を修復してみる、いったんケリをつける、などしてください。そうすれば目の前に勉強に集中できるはずです。

一番まずいのは、勉強しなきゃいけないと思っていても目の前に壁があるとそれを避けてしまうことです。これに関していえば、自分の現状把握ができていなかったり、目標が定まっていないのが原因です。**自分はなんのために勉強しているのか、その目的意識をしっかり持つ**ことです。定期テストでいえば、次は何点取りたいなどでもいいです。目標をしっかり定めることで、現状自分がその目標に対して何が足りていないのかわかってきます。自分をそうやって「**追い込む**」ことで自然と「**やらなければやばい**」というモチベーションが生まれてきます。現実を見るのはすごく大変なことだと思いますが、現実を見なければ未来には届かないので、踏ん張り時だと思って頑張ってみてください。

勉強計画のコツ

2

テスト勉強は「全体の把握（はあく）」と「優先順位づけ」が肝

計画的にテスト勉強を進めよう

ただがむしゃらに手あたり次第に勉強するのと、計画を立てて勉強するのとでは、勉強効率が大きく変わってきます。

とくに、テスト勉強の前には、**①「何を勉強しなくてはいけないか、まず全体を把握する」②「どの日になにをやるか、優先順位をつけて計画を立てる」**ということを心がけましょう。

学校の定期テストでは、テストに出る範囲が告知されます。「数学は教科書の〇ページから〇ページまで」「国語は〇〇と〇〇の文章から出る」などと示されたら、「全体でどのくらいの

全体の把握

テスト範囲が出たら、各教科が全体でどのくらいを割合を占めているかチェック

↓

計画の立て方

- テストまでの日数を逆算し、1日ごとになにをどのくらいやるか細かく計画する
- テストに出そうな内容から優先順位をつけて計画する

ボリュームなのか」をはじめにチェックしましょう。全体を把握することで「今回は数学の出題範囲が広いから力を入れよう」「英語は前回のテストと範囲がかぶっている」などと気づくことができます。

全体を把握できたら計画表をつくります。どのくらいの時間でどんな勉強をしなければいけないか、目で見えるかたちで整理するのです。テストまでの日数を割り出し、1日ごとになにをどれくらいやらなければいけないのか具体的に書き出してみてください。その時に注意してほしいのは、**詰め込みすぎないこと**です。詰め込みすぎた結果、半分もできなかったでは計画した意味がありません。**1日に自分ができそうな範囲**で計画してみてください。

また、計画表をつくるときは、「優先順位をつける」のがコツです。時間が足りず、テスト前にすべてをマスターできないこともあります。**テストに出そうな内容、授業中に先生が「ここが重要だよ」と言っていた内容**などを優先して進められるように計画しましょう。

勉強計画のコツ

3

スマホのスクリーンタイムは「4時間以内」を基準にする

スマホに支配されない自分の時間を持つ

４章の「スキマ時間」の作り方のときに少しお話ししましたが、スマホのスクリーンタイムの時間を減らすことの大切さについて深掘りしていきます。

スマホには、設定のアプリなどから「スクリーンタイム」（スマホを触っていた時間）がわかるものがあります。そして勉強ができる人は、その**スクリーンタイムの平均が「４時間以内」であることがほとんど**です。部活や塾がある平日は「２時間以内」と１週間の平均を「４時間以内」にしてください。

スマホを長い時間触っていないというのは、言い換えれば「スマホ以外にあてている時間が多い」、そして「スマホに支配されていない」ということ。SNSやゲームのような時間を溶かすものに支配されていないので、ズルズルとスマホに時間を使うことがありません。**「自分の時間をしっかり持てている」**ので、趣味や部活に対して全力になることができます。もちろん、勉強にも。スマホという、いつでもどこでも気軽に触れるものが近くにあると、勉強との境目(さかいめ)があいまいになってきます。勉強とそれ以外の時間、というメリハリをきちんとつけるためにも、スマホから離れられる環境をつくっていきましょう。

スマホを使う時間が多い人は、まずスクリーンタイム4時間以内を目標にして、自分の時間を持つようにしましょう。自分の時間を持つことができると、**勉強にあてる時間も自然と長くなり、「勉強ができる人」に近づきます。**

1日おきにスクリーンタイムを確認して平均4時間を越えないようにしましょう。

勉強計画のコツ

4

毎日、複数の教科に触れるようにする

得意科目と苦手科目を一緒にやる

得意科目ばかりを勉強して、苦手科目を放っておいてしまう人がいます。得意科目の問題を解くと、すらすら解けるし、気持ちいいですが、苦手科目はわからない問題が出てきたりするとイライラしてしまいますよね。

つい、得意科目ばかり勉強しがちですが、ひとつの科目ばかりを勉強するのはオススメしません。なぜなら、高校受験は5科目の総合得点で決まるものだからです。どんなに英語が得意でも、英語で取れるのは100点が限界。数学などのほかの科目もしっかり勉強し

ないと、総合得点が大きく伸びることはありません。**受験は総合得点で勝負するもの**です。数学が100点、社会が40点の生徒よりもどちらも80点取っている人の方が総合点は高いです。

野球でも、「打撃はできるけど守備はめちゃくちゃ下手」という子はレギュラーになりにくいですよね。高校受験も野球も、総合力で決まります。だから、**「毎日、2科目以上に触れる」**ということを心掛けてみましょう。「今日は英語と数学をやる」「明日は国語と理科と社会をやる」といったように、1日に複数の科目をやるようにしてみましょう。すると、得意科目ばかりやってしまうということがなくなります。また、苦手科目も毎日少しずつ触れることで、徐々に克服できるようになるでしょう。

勉強計画のコツ

5

休憩時間は外に出て気分転換

勉強の休憩時間は外に出て休憩してみる

塾の夏期講習などで朝から夜までずっと座りっぱなしで勉強している生徒をよく見かけます。授業がある時間以外もひたすら座って自習を頑張っています。

一生懸命やるのは大切ですが、長時間休まず勉強し続けるのは実は**逆に勉強の効率を落としてしまっている**のです。座りっぱなしだと、血行が悪くなって身体が凝（こ）ってしまいます。体が疲れてしまうので、集中力を失いやすいのです。「**1時間勉強したら10分休む**」などと決め、間に休憩時間を設けるようにしましょう。

また、**休憩の際にはできるだけ部屋から出る**ことをオススメします。外の新鮮な空気を吸ったり身体を動かしたりすると、身体をリフレッシュできます。そうすることで、次の１時間の勉強にも集中しやすくなるはずです。何時間もぶっ通しでやるより、10分の休憩を挟みながらやるほうが勉強の効率はいいのです。

とくに受験生は、ついつい勉強を頑張りすぎてしまいがちです。でも、大事なのは机に座っている時間ではなく、**集中して勉強する時間**です。集中が切れそうになったら一旦休憩し、頭をリセットしてから勉強に臨むようにしましょう。

勉強計画のコツ 6

1日の最後に、その日の評価をする

自分の頑張りを可視化する

僕の教え子で開成高校に合格した生徒が実際にやっていたことを紹介します。それは、1日の最後に、**その日に自分がやった勉強について評価する**ことです。

評価のポイントは、「今日の目標が達成できたかどうか」でOK。事前に「今日はこれをやる」という1日の目標を明確化し、1日の最後にどれくらい達成できたかを確認します。勉強ができている人は、勉強の後にそうした「**振り返り**」をしているのです。

振り返りは、細かくなくてもかまいません。だいたいで、「今日は8割終わった」「5割しかできなかった」などの評価をして、ノートに記録してみましょう。すると、自分の頑張りが可視化されます。

自分の頑張りを可視化することで、「昨日は目標の半分しかできなかったから、今日は頑張ってみよう」「あと2日で今週は目標達成オール100%だから頑張ろう!」などと**モチベーションにもつながります。**

勉強は何度も言いますが「**積み重ね**」です。やりっぱなしということはありません。1日1日勉強したことがどんどん積み重なって自分の力となり、財産になります。そういった意味でも自分がやってきたことを振り返ることは大きな意味があります。

野球でも、甲子園に行くような子は自分の記録をノートにつけていますよね。それと同じように、自分の勉強記録をデータベースにしてみましょう。

勉強計画のコツ

7

部活と勉強を両立するには

無駄な時間を減らし、スキマ時間を活用する

部活が忙しくて勉強する時間を確保するのが難しいという悩みをよく聞きます。僕としては部活をやっていたとしても勉強時間はしっかり取れると思っています。部活は夏でも遅くとも19時に終わりますよね。そこから23時、24時に寝るとして、その間の約5時間があります。ご飯を食べる時間やお風呂に入る時間を除いても3時間はガッツリ勉強できるのではないかと思います。つまり、部活と勉強の両立において一番大事なことは**無駄な時間をなくすこと**です。いかに無駄な時間をなくし、勉強に時間をあてられるのかが、両立する秘けつです。

ただ、部活の自主練だったり、電車での移動時間などでなかなか勉強時間を確保できない人もいると思います。そういうときは、**手軽にできる勉強というものをひとつ必ず持っておく**といいです。たとえば、すごく小さな英単語張だったり、国語や社会の小さな暗記帳など市販で売られているものでいいので、必ず持ち歩くようにします。電車の中はスマホを見るのではなく、その暗記帳を使って自分の覚えていないところをインプットするようにしてみてください。

僕も受験生だった当時は、朝練の前に1枚計算問題をやったり、登下校中に覚えていない暗記問題のプリントを持ち歩いたりしていました。4章でオススメしたスキマ時間の有効活用法ですね。部活がハードでなかなか勉強時間が取れない人ほどこのスキマ時間の有効活用法を試してみてほしいです。

勉強のために部活に入らないという選択肢も僕はありだと思います。ただ、部活に入ることで得られるメリットとしては、**勉強とのメリハリがつく**ことです。部活に入らないと、自由な時間が増えますが、結局スマホに時間を奪われてしまう人がほとんどです。要はオンとオフの差がわからなくなる。それより、2時間しっかり部活をやったあとに、勉強したほうが、切り替えがうまくでき、勉強効率も比較的上がりやすくなります。

勉強計画のコツ

8

自分がやった勉強結果を残す

計画を立てて満足はしないこと、やった後しっかり達成感を感じることが大切

僕も中学生のときやっていたことなのですが、1日の最初、もしくは前日の夜に次の日にやる勉強スケジュールを立てていました。みなさんも同じような経験がきっとあると思いますが、計画を立てても、なかなか思い通りにいかないことも多かったです。そんなとき、大事になってくるのは、**「今日はなにをどれくらいやったのか」という振り返りを書く**ことです。僕は当時、誰もフォローしないひとりだけのTwitterのアカウントをつくって、そこに毎日なにをやっていたのかをどんどん書いていました。媒体はなんでもいいのです。日記のように

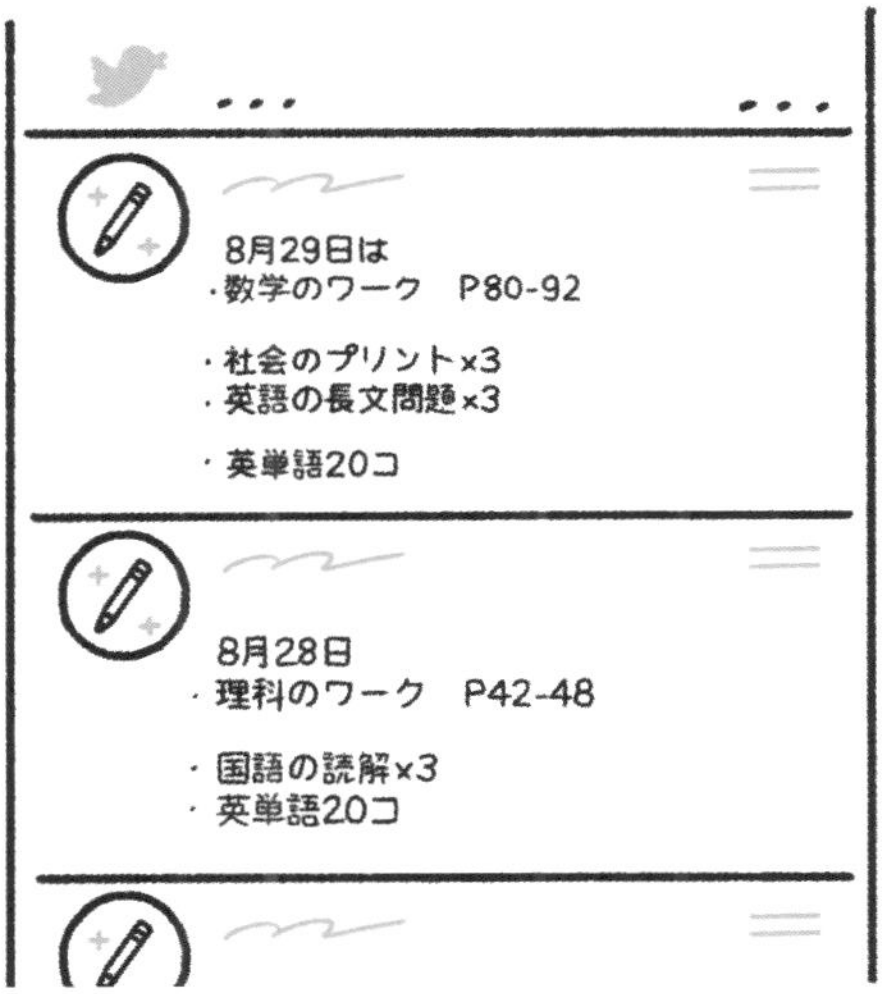

紙に書いてもいいですし、Twitterにつぶやいたり、Instagramのストーリーに投稿するなどでもいいと思います。必ず毎日なにをやったのか、そしてそれが計画とどれくらいずれたのか、明日はなにをやるのかというところまで書いておくといいです。

　こういった積み重ねてきたものを客観視することを**「メタ認知」**といいます。メタ認知をすることで、**自分が1日にできる勉強量を推し量ることができる**ようになります。自分の1日にできる勉強量を把握することで、計画を立てやすくなります。計画を立てることの重要性はこの章のはじめで説明しましたね。計画を立て、それをこなす力がつけば、定期テストはもちろん、入試本番に向けた勉強計画がスムーズに行えます。最初はなかなか自分の計画通りに進まないかもしれませんが、慣れていくうちにそのずれも少なくなるはずです。

＼勉強計画のコツ／

9

勉強計画を立てるときは余白を残す

「やらなければいけないこと」の半分を目安に計画を立てる

前のページで計画を立てて、その振り返りをしようという話をしました。計画を立てて、それをこなしていくうえで、もうひとつ大事なポイントがあります。それは、「**やらなければならないことを全部やるのではなく、その半分を目安に計画を立てる**」ということです。

計画を立てること自体は実は結構簡単で、やらなければいけないこと書き出してみてというとみなさんスラスラ書き出してくれます。数学のワークやらなきゃいけない、英単語や歴史の暗記、長文問題の読解など、やらなきゃいけないことを書き出してみると、かなりの量になると思います。

しかし、学習塾の教師の立場から言わせていただくと、実際にできるのは書き出した分の半分程度です。半分もできたら上出来です。最初から計画通りに量をこなせる人はほんの1割くらいです。

「よし！今日からしっかり計画を立てて、振り返りもきちんとするぞ！」と意気込み、計画を達成できなかったとき、続けることが難しくなります。僕でも挫折すると思います。計画を立てるときは、**最初は必ず達成できそうな計画にすること。**あまり高いハードルにしないこと。慣れてきたら少しずつ量を増やしてみたり、自分がなにに時間をかけがちなのかがわかってきます。ぜひ実践してみてください。

親ができる受験サポート
3

受験直前期のサポート

受験直前期にできる親のサポートについてお話しします。受験直前期というのはどんな子どもでも人生で一番勉強をする瞬間です。自宅でも今までにないぐらい勉強をしていて逆に引いちゃうみたいな親御さんも多いです（笑）。そのときにこんなに勉強をして大丈夫なのか、メンタルは大丈夫なのかと心配になる親御さんが一定数いるますが、これは自信を持ってはっきり言います。大丈夫です。なぜなら、子どもは今自分が与えられている課題や目標に向かって一生懸命努力をしている、いわば**一番の成長痛を感じている時期**だからです。この成長痛を親が心配をして閉じ込める必要はなくて、その**成長痛を一緒に分かち合ってあげることが親の役目**になってきます。

合格を手にするのは子どもです。親ではありません。なので合格をその子自身が勝ち取ることができるように後ろからしっかりと見守っててあげる、子どもに言いたいことはたくさんあるけれど、それらを我慢するぐらいの方が子どもとのちょうどいい距離感になります。

子供が困ったら、親のことを頼ってきてくれますし、寂しくなったら必ず帰ってきます。それが帰ってこないということはしっかりと成長した証で、親元からしっかり離れられた、自立ができたという証でもあります。なので、あまり介入せず、**後ろからしっかりと見守ってあげる、ちゃんと監督をしてあげる**というところを、この本を読んだ親御さんの参考になればいいなと思います。

7章

苦手科目を克服するには？

～科目別勉強のコツ～

苦手科目の勉強は気が重いですよね。
ただ、いくら苦手でも避けては通れません。
この章の科目別の克服のコツをいかしてみてください！

科目別勉強のコツ 1

国語の体系的な勉強法

取れるところはしっかり取る

国語の勉強法は大きく3つあります。1つめは漢字文法、2つめは文章を読んで読解をする読解問題、そして3つめは記述問題です。とくに1つめの漢字の文法に関しては、国語がいくら苦手な人でも満点が取れる分野です。漢字で全問正解できない、文法で半分以上間違えてしまう、これははっきり申し上げると怠惰（たいだ）です。しっかり覚えることで点数が取れる問題は必ず覚えてください。

文章読解に関しては、得意不得意が大きくわかれます。得意な人はどんな問題でも「**読み**

解き方のコツ」がわかるので、すらすらと解けてしまいます。苦手だなと思う人は、**毎日1題読解問題を解いてみてください。**とにかく解くクセをつけるということが大事です。解いていくなかで、ちょっとしたコツが見つかってきたり、選択肢を消去する方法がわかってきたりします。

最後に記述問題。これに関しては記述問題の書き方の大学受験用の参考書を買うことをオススメしています。「高校受験で大学受験用の参考書はやりすぎじゃない？」と思うかもしれません。数学や英語であればやりすぎですが、国語の記述に関していえば、記述の書き方に高校も大学も大きな差はありません。テーマが難しくなったり、文字数が多かったりなどはしますが、基本的な書き方という意味では同じです。なので国語の記述問題はぜひ大学受験の論文・小論文の書き方のような参考書を見てみることをオススメします。

国語の具体的な勉強法

国語の具体的な勉強法について大きく3つのフェーズがあります。3つのフェーズをお話しする前に前提の話をします。まず国語というのは、勉強をしなくてもできる人が一定数いると思います。ただ、勉強をしなくてもできるのは「そこそこ」までです。つまりどういうことかというと国語の勉強というのは、僕たちが普段使っている「日本語」が文章になっているだけなので、国語は勉強しなくても、**ある程度人の心情を読み取れたり、内容を正しく理解できれば、比較的点数は獲得しやすい科目**になります。ただ、それは80点までです。勉強しないで取れている点数が今のスタートラインだと思ってください。そこから何点取れるのかが国語の点数の取り方になります。これを念頭に置いたうえで、これからお話しする勉強法を実践してみてほしいです。

〈漢字・文法〉

1つめは、漢字・文法。これは1冊で完結できる参考書を使って勉強してください。

そして１００点を目指す勉強をしてください。**漢字と文法は努力点で、ボーナスポイントになります。**やればやるほど、書けば書くほどできるようになります。

勉強法としては市販の漢字ドリル・文法ドリルを１冊買って、それを絶対に最後までやり切ることです。１冊をやり込むことができれば、ある程度の漢字力、文法力は身につくはずです。大事なのは１冊完成させることです。中途半端にやってしまうと、途中までしかできていないということになるので、それ以降の漢字は書けないということです。なんとなく書けるだろうという気持ちで漢字や文法の勉強を怠る人が多いです。入試全体から見ると微々たる点数かもしれませんが、１点に泣いた生徒もたくさん見てきました。漢字１問正解していたら合格していたなんてこともあります。**やれば絶対に点に結び付くところこそ手を抜かず、やり込んでください。**

〈古文〉

古文は元々できない人とそこそこできる人の両極端にわかれる傾向にあります。難関校を目指す人や高得点を目指す勉強をしている人にとっては、**古文は満点を取りやすいチャンス科目**として捉えられています。

古文において、問題自体はたいして難しくありません。問われていることは下手すれば小学校レベルのことを問われたりすることもあります。古文で難しいのは、**文章をしっかり読めるようにすること**です。ここが古文におけるゴールになります。古文は昔の文章なので、それを現代の文章にさえ直せれば、問題自体は難しくありません。古文を現代の文章に直せるようにするには、ひたすらたくさん問題を解くしかありません。解いていくなかでわからない表現や単語が出てくると思います。それが出てきたら調べて意味をしっかり覚えるようにしてください。そうやって古文単語や文法などの知識を積み重ねたうえで、問題を解くと、今度は古文の読解力が身についてきます。そうしていくことで古文の点数を取ることができるようになります。

高校受験の古文というのは、ある程度難易度が決められていて、ある程度単語を覚えればしっかり点数を取ることができます。漢字や文法と同じく、努力点の面が大きいです。やらなければ点数は取れないし、やればやるほど点数は伸びます。今までなんとなく点数が取れてきた人もぜひやり込んで高得点を目指してみてください。

〈文章読解〉

最後3つめのフェーズは文章読解です。文章読解は大きく4つの分野にわかれます。説明文、論説文、物語文、随筆文、この4つのなかで大きく2つに分けて説明をします。

1つめ、説明文と論説文。ここはいわゆるセリフがない文章になってくるので、筆者の思いというものがつらつらと書いてあります。ここで押さえなければいけないのは**筆者の主張**です。筆者の主張を正しく読み取ることができるのかどうかが大事になってきます。そのために何をすればいいのかというと、ひとつの長い説明文を１００字以内で要約してみてください。そうすることで著者のもっとも言いたいことを捉えてまとめることができるので、おのずと筆者の主張が見えてきます。それによって、「以下のなかから適するものを一つ選びなさい」などといった正誤問題や、「〇〇とはどういうことか、説明しなさい」といった問題がものすごく解きやすくなります。こういった**要約するくせを身につけていくこと**が大事になってきます。

そして、物語文、随筆文において大事なのが、**5W1H**です。「どういうことで、なにで、いつ、どこで、だれが、何をした」これを意識して文章を読むことが大事になってきます。これを登場人物ごと、各場面で整理しながら読み進めていくと、物語と随筆はだいぶ明瞭（めいりょう）になってきます。そしてよく問われる登場人物の心情については、指定の棒線箇所の前後3行あたりに書いてあることが多いです。そのときに、登場人物はなにを思っていたのか、自分だったらこう思うだろうではなくて、客観的に、**俯瞰（ふかん）的に物語を見る視点**が必要になってきます。自分ワールドで文章を読むのではなく、**その文章を正しく理解することに重点を置く**ということが、物語文、随筆文においてすごく大事になってきます。

科目別勉強のコツ

2

数学の体系的な勉強法

自分が理解できていないところをしっかり把握する

数学の勉強法でひたすら問題を解く生徒がいますが、これは効率が悪いです。数学において一番大事なのは、「**自分が理解していないところを正しく把握（はあく）する**」ことです。たとえば、連立方程式の利用でつまずいているとします。そのときに、文章題が読み解けなくて式が立てられないのか、それとも式は立てられるが、答えが合わないのか。この2つでは行う対策がまったく違ってきます。数学の勉強法においては**まず自分がわからない原因を探ってみましょう。**ただ、多くの場合、後者のような計算力が足りていなくて答えが合わ

ないパターンが多いので、計算問題は毎日必ず10問解くということを意識してもらえるとなおよいです。そのうえで、図形問題が苦手であれば図形問題を中心に解いたり、文章題が苦手であれば、文章題を中心に解いてみましょう。

また数学というのはどちらかというとやり込むというより、正しい判断、正しいやり方でどう問題を処理するかが大事になってきます。なので、ひたすら問題を解くより、学校や塾の先生に聞いて、**「わかりやすいやり方」**というのを自分で身につけたほうが数学の点数は伸びやすくなります。

自習で数学を勉強する人は、参考書が1冊あるとよいです。問題集というよりも、解説がしっかり載っているものが理想です。問題ごとに具体的な処理の仕方が載っているものだと、自分がわかるところ、わからないところの線引きがしやすく、理解度が深まります。数学の参考書を買う際の参考にしてみてください。

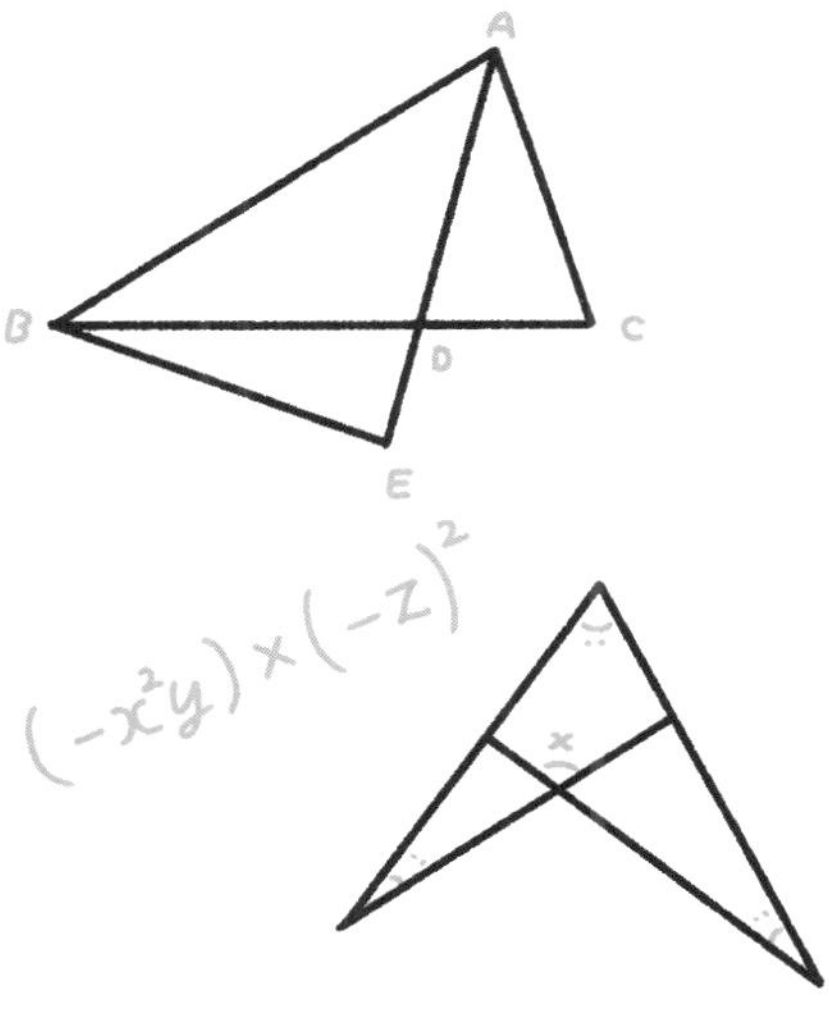

数学の具体的な勉強法

数学は無課金でプレイする**RPGゲームにとても似ています。**これはどういうことかというと、無課金でRPGをプレイするとき、無課金の武器を装備しないといけないなど、ある程度能力が制限されていると思います。その能力というのを解放するためには何をしなければいけないのかというと、いろいろな敵を倒して経験値を得たり、いろいろな経由地点に寄ってストーリーを攻略していく必要があります。これを数学に置き換えてみると、**考える時間をしっかりと取って、難解な問題に立ち向かう力や自分の基礎的な実力をしっかりとつけてとにかく反復をしていくこと、**これらが経験値を得てレベルアップすることにつながります。そのために数学というのはどのようにして勉強していけばいいのか、大きく3つにわけて説明をしていきます。

〈計算問題〉

1つめは数学の基礎中の基礎である計算問題です。計算問題というのは、**反復するこ**

と、そして満点を狙った勉強を進めること、これを意識することが大事になります。計算問題というのは数学においてはあくまでも手段になります。計算がゴールではありません。ＲＰＧでいうところの武器です。**計算ができるという強い武器**を持って文章問題や難しい問題の解法を導いていく必要があります。計算問題において、なにに気をつけなければいけないのかというと、**スピードと正確性**です。この２つのどちらも身についていないと意味がありません。解くのは速いけど、ミスが多かったり、正確性はあるが、スピードが遅かったりしては計算力が高いとはいえません。

スピードを上げるためにはなにをしたらいいのか。それは制限時間内にできるだけ多くの問題を解く力をつけるためにたくさん計算問題を解いて、量をこなし、反復していくしかありません。そして正確性を上げるためには、満点を狙った勉強を意識してください。計算プリント、計算ドリル、なにか１ページの計算問題を解くとき、「**絶対１問も間違えないぞ**」という強い気持ちをもって臨んでほしいです。

ただ、誰にでも計算ミスはあると思います。そのとき、とても大事になってくるのが、「なぜ計算ミスをしてしまったのか」と必ず原因を探ることです。原因がわかったら次はそうならないように意識して解く、これを繰り返していくことで、満点を安定して取れるようになっていきます。満点のプリントが増えていくことで、自信も生まれます。強い武器を手に入れたことで強敵にも立ち向かいやすくなります。数学のファーストステップは「武器の強化」です。

また、計算問題で100点が安定し始めたら、関数や図形などの実践的な問題をどんどん解いてください。なぜかというと、関数や図形などの**実践的な問題を解くなかでも計算力というのは常に磨き続けられるからです。**ずっとレベルの低い敵を倒すよりも、レベルの高い敵を倒したほうが経験値は多くもらえますよね。数学もそれと同じで自分のレベルに合った問題を解いたほうが効率よくレベルアップしていきます。

〈関数分野〉

2つめは、関数分野になります。数学に苦手意識をもつ人は関数分野が特に苦手な傾向があります。中学校で習う関数は比例・反比例、1次関数、そして中3で2次関数、この3つの分野を総称して「関数分野」といいます。

関数分野の解き方は問題文を見た後3秒で決まります。どういうことかというと、ゴール、つまり答えに行きつくために、**最初に自分は何をしたらいいのかを開始3秒以内に決めろ**ということです。関数の問題では、問題文から得られる情報をすべて図形に書き込み、そのうえで次はなにをしたらいいのかを3秒以内で把握する、この練習が大事になってきます。これは短期的に身につくものではなく、**たくさんの問題をこなし、反復**

練習をすることで身についてくるものです。計算問題のところでお話したことと重複しますが、トライアンドエラーを繰り返していくことで、自分のレベルを上げ、今まで倒すのがやっとだった敵もワンパンで沈めることができるのです。

〈図形分野〉

3つめ、最後は図形分野です。図形問題に関しては自分の**ひらめきの引き出し**をたくさん作ることが大切です。「どうやったらそんな解き方が思いつくの？」と勉強ができる人に感じたことありますよね。こういった人も、もともとひらめき能力を持っていたわけではありません。ちゃんとした勉強をしてきたからこそ、ひらめくことができるのです。どうしたらそのひらめく力を身につけられるのかというと、**できるだけ多くの種類の問題に触れること**が大事です。

パターンを多くこなすことで、少し難しい問題が出たときでも、自分が持っているひらめきの引き出しを駆使して問題を解くことができます。パターンに多く触れるためには、塾専用の教材だったり、市販の教材でもたくさん問題が載っている問題集を買ってみてください。そうすることで図形分野を解くうえでのひらめきの引き出しをたくさんつくることができます。

科目別勉強のコツ

3

数学ができる人は「帰納法」で解いている

ゴール地点の一歩前を意識する

数学ができる人にはひとつ大きな特徴があります。それは問題を必ず「**帰納法**」で解いているということです。つまり、自分は今なにを求めなきゃいけないのか、それを常に念頭に置いて問題を解いています。

たとえば、証明問題を解いているときは、どの三角形とどの三角形が合同であることを証明しなければならないのか、関数問題であれば「Xはなんなのか」と、**自分が目指すべきゴール地点が見えている人**が数学が得意な人の特徴です。

Xの値を求めたい(ゴール)
Aがわかればいい
BがわかればAを求められる
Bならすぐ求められそうだ

数学が苦手な人というのは、ゴール地点を見据えずに、やみくもに問題を解こうとしがちです。Xの値を求めるためには、どこの値がわかっていないとだめなのか、どの値を求めたらXがわかるんだろうと、ゴールの一歩前の地点を常に意識しながら、逆から考えていくスタイルが大事になってきます。

単純な計算問題は計算力を上げればいいのですが、**受験において差が出やすい問題ほど、この「帰納法」を使って解いたほうが解きやすい傾向にあります。**つまり、「帰納法」を使って解く習慣を身につけることで、数学はワンランク、ツーランク、レベルアップでき、まわりと差をつけることができるのです。ぜひ、ワークや問題集を解くときもこの考え方を意識してみてください。

科目別勉強のコツ

4

英語の体系的な勉強法

いかに日本語を英語に直せるか

英語の勉強のゴールはどこかというと、**日本語をしっかり英語に直せる**かというところです。「英語をしゃべれるようになる」ことがゴールではありません。英語をしゃべれるようになるには、単語力はもちろん、文の構造をしっかり把握（はあく）しておく必要があります。高校受験においてはそこまでのことは求められていないので、まず一番大事なのは、日本語から英語に直せる能力を身につけること。

そのために必要になってくるものは大きく3つあります。1つめは**単語力**、いわゆる語彙（ごい）

力といわれるものです。2つめが、**長い文章を読む力**、要は文章を区分けし理解できる力です。そして3つめは、誰がどこで何をしたのかという部分をしっかりおさえられるか、**要所をおさえる力**です。

この3つのなかで一番どうにもこうにもならない、絶対にやらないと身につかないものが**英単語を覚えること**です。英単語を覚えるコツがあります。英単語はただのアルファベットの羅列ではなく、たとえば「uni」がついていたら「1つの～」という意味合いが含まれていたり、「dis」が頭についていたら否定的な意味が含まれているなど、正確にその単語の意味がわからなくても、頭やお尻についているものと文章の流れからおおよその単語の意味が推測できます。もちろん、最初はひとつひとつ覚えていかないといけませんが、段々慣れてくると、単語の一部を見ただけで大体どういう意味なのかわかってくるので、そういった**単語の意味を推測できる力**も大切になってきます。この力を身につけておくと、高校生活や大学受験においても大いに役立つので、ぜひ学習に取り入れてみてください。

英語の具体的な勉強法

英語という科目は日本語から英文に直すことができてはじめて一人前です。前ページでもお伝えしましたが、日常でこれを言いたいなとか、思い浮かんだ日本語を英語に直すことができる、英語を話すことができる、書くことができるということが英語のゴールになります。その一歩手前の受験において、何ができるようになれば英語の点数が取れるのかというと、**「日本語から英語に直す」**ことです。つまり最終的に、「日本語を1から英語の文章に作り上げることができるのかというところ」を、各項目各単元のゴールにしてみてください。そうすることで英語の実力というのは飛躍的に上げることができます。

〈単語、熟語を覚える〉

言語というものは、見て聞いて書いて覚えるところからはじめていきます。単語や熟語のインプットについてはひたすら覚えるしかありません。英単語、英熟語はどうやって覚えればいいんですかという質問が多くきます。皆さんもよく悩むと思います。結論、単語を覚えるときは、書くだけ見るだけ発音するだけでは意味がないです。これ全部やらないと意味がありません。なぜかというと、英語のゴールというのは話せなければいけない、つまり発音を正しく言えなければいけない。受験のゴールは何ですか、しっかりと正しい綴り（つづ）で書かなければいけない。そして英語の掲示板を見るときや、海外に行ったときの英語のメニュー表を見たとき、その英語の文を見たときに自分で日本語に直せる力がないといけない。つまり発音、綴り両軸ともできなければいけないのです。

　そうなってくると、まず一番最初の英語においてのスタートラインというのは、**覚えるべき単語を見て聞いて、書けるところまでしっかりとやり込む**ことが大事になります。そして、その覚える領域において最も大事なことは、毎日続けることです。これはなかなかできない人が多いのですが、毎日続けるという「癖（くせ）」にしてください。歯磨きと同じです。歯を1日磨かないと気持ち悪いですよね。つまりこれを英単語に置き換えればいいんです。単語10個覚えないと気持ち悪い。こういう状況を作ってみてください。最初10日間はすごく忙しいし、苦しいかもしれないですが、10日過ぎたあたりからはそれをやることが日課になってきます。日課になれば勝ちです。ぜひ頑張ってみてください。

〈覚えたものをアウトプットする〉

英単語、英熟語をある程度覚えたら、覚えたツールを使っていろいろな表現をしていきましょう。セカンドステップになります。

なにをするのかというと並び替えの文章だったり、同義文を作っていく練習をすることです。つまり**同じ内容の文章を別の表現を使って作ってください**ということです。覚えた英単語、覚えた表現、これらを、実際に問題を解くなかで使っていくことで、より身につきやすくなってきます。

どういうふうにして使っていけばいいのか、ひたすら問題を解けばいいんです。いろいろな入試問題であったり、その単元に関する問題集をやり込むようにしてください。1回目は間違えても全然大丈夫です。2回目で間違えなければいいんです。1回目に間違えたものは確実に自分のものにして、どこで間違っていたのか、自分は何を覚えなければいけないのかをしっかりと復習して2周してみてください。2周したときに90点以上獲得ができていればゴールです。なのでそこを基準に進めてみてください。

自分が培(つちか)ってきた知識を、問題を通じてアウトプットすることで、自分の理解度や定着度を推し量ることができます。覚えるのが得意な人でも問題を解いていくと意外とアウトプットができていないことが多いです。「全部知っている単語だった、勉強した内容だったけど、忘れた」ことが入試本番で起きないよう、問題慣れしておく必要があります。

〈0から1の文章を作る〉

そして最後の段階は、**「0から1の文章を作っていく」**ことです。これは穴埋め問題や作文を解くうえで必要なことになります。日本語を見て、日本語から英語に直すためにはどういう表現をすればいいのかなと、頭のなかで処理しなければいけない。そして英語の表現に変えることができたら今度は正しく並べてあげる必要があります。

たとえば、You play baseball after school というのを Baseball after play school と書くのは絶対に間違ってますよね。それぞれの単語が正確にアウトプットできても、正しい場所で、正しい位置関係、正しい使い方で入れてあげないと英語というのは伝わりません。英文を正確に0から作り上げるということは、中学校で学んだ英語の知識を総動員させる必要があります。単語はもちろん、時制、助詞の使い方、接続詞や関係代名詞など、なにかひとつでも間違ってしまうと英文としては成立しないので、完璧な英文をつくるということは、おのずとすべての単元を完璧にすることにつながります。

科目別勉強のコツ

5

理科の体系的な勉強法

理科はただの暗記教科じゃない

理科は大きく4つの分野にわかれています。化学、物理、地学、生物です。このなかでとくに暗記科目と呼ばれているのは、生物と地学になります。中学校の具体的な単元でいうと地震や地層の勉強が地学で、細胞のつくりや動物の目の位置などが生物にあたります。こういったものは比較的暗記科目なので、しっかりと「なぜ」動物の目が横についているのか、前についているのかという**「なぜ」をとにかく深掘ること**が大事です。ただ覚えるのではなく、「なぜこういう構造になっているんだろう」「なんで地震は起きるのだろう」「なんで生物は細

胞とかあるのだろう」と「なぜ」を大切にし、理解を深めながら勉強してみてください。ただの暗記科目ではないということ、「理解する」ことが大事だということをこの分野では意識してみてください。

一方、化学と物理。中学校の単元でいうと、化学はイオンや化学反応式、気体の性質などで、物理は、力とエネルギーや電流や電子の流れといったところになります。ここの単元は比較的計算問題が多いので、とにかく**やりこみが大事**になってきます。計算問題はやればやるほど伸びます。数学の問題とは違って、理科は必ず解説を見たときに、習ったこととつながるので、問題の量をこなしていくことで自然と解き方が身についてきます。

草食動物は
目が横についている
なぜ？

理科の具体的な勉強法

前ページでお話した内容をここでは深堀りしていきます。理科の**勉強は暗記をするものと理解をするもの**、これを明確に区別して勉強を進めてほしい科目です。理科というのは大きく4分野にわかれます。生物分野、地学分野、物理分野、化学分野、このなかの生物分野と地学分野、これは暗記科目です。たとえば中学校の内容で言うと、生物分野は種子植物の分類、血液、内臓の作り、生殖などになります。地学分野であれば、地震や天気、宇宙などになります。これらは社会の歴史と同じように覚える暗記科目ということをまず念頭に置いてください。

一方の物理分野と化学分野、これらを生物や地学と同じ要領で勉強してもなかなか定着しません。基礎をしっかり理解したうえで勉強をすすめる科目です。中学校の具体的な単元で言うと、イオンや化学反応式、磁界・電流や質量保存の法則、光・音・力になります。

前半2つは暗記科目、後半2つはひとつひとつの実験や原理を理解しなければいけな

い科目です。これらを踏まえて理科の具体的な勉強法を3つのフローでお伝えします。

〈理科はインプットが大事〉

理科は、わかりやすい解説や理解しやすい授業で得意になれる教科だと思っています。理科においてもっとも大事なのは、**「なぜ」を解決する力**です。なぜ日本海側では雪が降りやすいのか、なぜ花火の音は遅く聞こえてくるのか、など身近な生活で感じる「なぜ」を、理科を学ぶことで解決することができます。こういった知的好奇心をくすぐられないと理科の勉強をするのは少ししんどいかもしれません。そういった知的好奇心をくすぐるような授業だったり、わかりやすい解説ができる先生がいるといいです。つまり、理科のインプットは先生で決まると言っても過言ではありません。ただ教科書や参考書を読むだけではなく、そこに書かれている内容をいかにわかりやすく、おもしろく落とし込めるかが大事です。

もし今身近にわかりやすい理科の先生がいないとか、なかなか理科の内容が頭に入ってこないという人は、自分に合った優秀な先生や動画を探してみるといいでしょう。YouTubeや、TikTokその他ＳＮＳでいろんなわかりやすい理科の先生だったり、覚え方を紹介している動画などがたくさんあります。自分でそれらを調べてみたり、書店で自分に合いそうな教材を探してみたりして、まずはインプットをしっかりやってみてください。ちゃんと理解できるところまで落とし込むことを大事に理科の勉強を進めてください。

〈基礎問題を周回する〉

2つめのフローはとにかく**問題をこなすこと**です。理解が進んできたらとにかく基本問題を解いてみてください。理科はインプットが大事と言いましたが、どの教科もテストにおいてインプットしたものをアウトプットしていく必要があります。皆さんが立ち向かっていくのは、定期テストや実際の入試問題になります。まずは基礎問題をしっかりと90点以上確実に取れる力を身につけてください。90点以上を安定して取り続けていくためには、基礎問題を周回する必要があります。まず基礎問題をしっかりとやり込み、間違えたところをまたインプットしていくこと、ここが理科において大事にしてほしい2つめのフローです。

〈応用問題は解説をよく読む〉

基礎問題がある程度できるようになったら、次は応用問題や思考的な問題に挑戦する必要があります。応用問題は、問題集のなかでもレベル3の問題だったり、発展問題だったりの部分にあたります。応用問題は自分の力で解けなくてもまずは大丈夫です。ただし、絶対やってほしいことは、間違えた問題の解説をとことん読んでください。応用問題に関しては、答えを覚えるのではなく、**どうやってその答えを導きだしたのかという考え方**が大事になってきます。解説を読んでもわからないときは、学校や塾の先生に聞いて、100%理解できるところまでやってください。

これを繰り返すことで、基礎問題に戻ったときの**スピードアップ**にもつながります。「理解」をしっかり「定着」させてあげること、これが、理科ができるようになるためのコツです。ぜひ実践してみてください。

科目別勉強のコツ

6

社会の体系的な勉強法

歴史は「年号」と「ストーリー」の両軸で覚える

社会が苦手な人の多くは歴史が苦手な傾向があります。ここでは、まず、歴史についてどのように勉強していくのがいいか、体系的にお話ししていきます。

歴史を覚えるときに、まず**年号を覚えようとするのは大きな間違い**です。なぜかというと、歴史が入試問題で出てくるとき、どういうパターンで出てくるのかというと、いろいろな戦いだったり、出来事を並び替えてくださいというパターンが多いです。なので、歴史において一番大切なのは、「**順番通りに出来事を整理する能力**」です。つまり、年号とストーリーの

1853年
ペリー来航
↓
1854年
日米和親条約
☆下関と函館の2港を開く
↓
1858年
日米修好通商条約
☆大老の井伊直弼が調印
☆神奈川などの5港を開く

両軸で覚えるということです。ストーリーで覚え、その時代の流れをまずおさえる。そのひとつの手段として年号を覚えるということが大切です。

　また、歴史が得意な人の特徴として、年号は実はあまり覚えていないけど、なぜその戦いが起きたのか、なぜその法律が制定されたのかという**「なぜ」の部分をきちんと理解し、説明できること**があげられます。なので、歴史が得意になるためには、**「歴史の流れ」**をきちんとおさえて、「なぜ」それができたのか、起きたのか、どういうことがその時代のなかで起きたのか、その前後をしっかり理解することが大事になってきます。年号を覚えて強制的に並び替えられるようにするというのは、最終手段なので、あまりオススメはしません。

社会の具体的な勉強法

社会の勉強なんてただひたすら暗記すればいいんじゃないの？　と思う人が一定数います。もちろん他の科目より覚えることが多いのは事実ですが、**社会は暗記科目ではない**と僕は思っています。つながりを意識することで覚えることは最低限におさえられます。どう覚えていくかはこのあと具体的にお話ししますね。

社会は3つの分野にわかれています。地理、歴史、公民、このなかで最も点数が取りやすい科目は公民です。最も点数が取りにくい科目は歴史です。社会の点数を上げるために勉強しなければいけないものは何なのかというと、公民と歴史になります。なら地理はやらなくてもいいの？　と思うかもしれませんが、実は、地理というのは、入試問題では、ほとんど初見問題や、元々知っている前提知識で解ける場合が多いです。授業で習う最低限のことを理解していればある程度の問題は解けるようになります。それでは地理と歴史と公民、それぞれどのようにして勉強を進めていけばいいのかについてこれからお伝えをしていきます。

〈地理分野〉

1つめ、地理分野です。地理というのは**勉強する順番**が大事です。地形を覚える、農業を把握(はあく)する、工業を把握する、生産物を確かめる、そしてその他の特色を覚える。この5つになります。この順番でやるのが大事です。まず、地理において一番大事になってくるのは、その地域の地形がどうなっているのかを特徴と一緒に理解することです。ここが肝になって、いろいろな農業や工業生産物の特徴というのが見えてきます。

そして、農業というのは、気候の状況や気温の推移で地域の特色が見えてきます。また、地形の特色から見てどういう農業が有名なのかというところは、つながっている部分が多いので、そこを意識して勉強をしてみてください。

次に工業というのはその地域の中で最も力を取り入れている経済になります。たとえば愛知県の工業と言われたら何ですか、これは自動車工業になります。なぜかというと、トヨタの本社があるからと、つながりを理解することができます。そしてあわせて、その地域ならではの生産物というものをおさえるようにしてください。

そして最後、その他の特色や特徴というものをついでにインプットする。たとえば、各地域のお祭りであったりとか、伝統工芸品というものは、その他の特色の部類に入るので、しっかりと地域ごとで覚えるようにしてください。このようにしてすべての事象につながりがあるので、そのつながりと一緒に覚えるようにすると地理は克服しやすいと思います。

〈歴史分野〉

続いて歴史分野です。歴史は**圧倒的つながりで理解する**分野です。前ページでもお話ししましたが、これを部分部分で覚えるということは絶対にしてはいけません。丸暗記は最終手段であり、最初にやる勉強ではありません。どういうことかというと、たとえば江戸時代の鎖国に着目をしたとき、スペイン船来航禁止、ポルトガル船来航禁止、踏み絵の実施、出島への移し、この４つを正しく並び替えてくださいという問題が出たとき、どういう経緯・流れで鎖国というのが進められていったのか、これを正しく理解することさえできれば暗記をする必要はないはずです。

それをどうしても理解ができないときは、最終手段としてそれぞれの年号を覚えるという作業に入ればいいんです。最初から年号で覚え始めると、その前後関係がわからなくなってしまうので、歴史の総合問題が出てきた時に太刀打ち（たちう）ができなくなってしまいます。なので**歴史というのはつながり**なんだ、すべて前後関係がある、その戦いが起きたのには理由があるんだ、というところをしっかりと押さえながら歴史の学習を進めてみてください。

〈公民分野〉

続いて公民分野です。公民の入試問題はほとんど基礎問題しかでません。これはなぜかというと、公民という分野は、中3の中盤から後半にかけて授業カリキュラムで習う学校がほとんどです。

つまり、入試問題を作成するにあたって、中学生が入試問題を解く頃、公民というのは完璧におさえることができていないであろうという前提のもと、入試問題は作成されています。つまり公民において最も大事になるのは、基本問題をおさえたうえで、その前提知識をもとに考える力を問われる問題が出されるケースが多くあります。

たとえば、「国会、内閣、裁判所にはこういう仕組みがあったよね。これからもっと日本がよくなるためにはどういう仕組みを取り入れたらよくなるのか、考えてみてください」という問題です。前提知識があることを見込んだうえで、さらに自分の考えを述べる問題というものが入試問題では多く出されるので、まずは**前提知識をしっかり固め、覚える部分はしっかり覚える。**仕組みをしっかりと理解するというところを公民の勉強をするうえで意識してみてください。

ラオ先生の受験記 4

親子で一緒に走った最後の100日間

　高校受験は、中学受験に比べて本人のやる気が大きな割合を占めると言われますが、僕が現場を見ていて感じたのは、子供のやる気は「**削ぐも上げるも親次第**」だということです。そしてそのために必要なものは「親の強靭な受け皿（サポート）と大きな背中。そして最後に“**子どもへの信頼の高さを明確に伝えること**”」です。

　僕が受験生だった頃、よく母親が口にしていた言葉があります。

「二人なら最強」

　僕が母子家庭だったこともありますが、母親は常にこの言葉を僕に対して明るく伝えてくれていました。本当に強い母親で、いつでも自分が勉強でつまずいた時はとことん話に付き合ってくれたものです。

でもそれが大きく崩れたできごとがありました。「出願書類」です。

私立の願書は、公立とは違い「親の教育方針」や「保護者から見た本人像」を詳細に記載しなければなりません。そこで初めて母親が目を真っ赤にして弱音を吐いたのを今でも覚えています。これで落ちたらごめんね、と。

　その瞬間、自分の中でエンジンが本気でかかったのを覚えています。「これで落ちてたまるか。絶対に受かってやる」と。今思えば、ここで初めて「親を助けたい」と思ったのかもしれません。親にとっての一番の恩返しは『合格』ですからね。そのために、子どもが泣きたくなった時や勉強の弱音を吐きたくなった時、**いつでも相談できる環境を作ってあげる**ことで、僕は今まで安心して勉強に進むことができました。「**安心**」「**信頼**」「**前向きな心**」。これらをお互いの間に持って親子関係を築くのかが、受験においても大切な要素になると僕は思います。

8章

受験がつらい！
～メンタルコントロールのコツ～

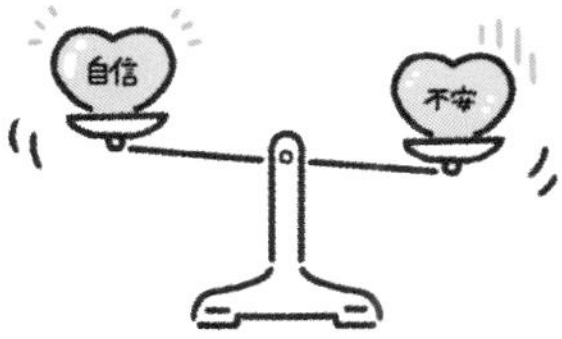

受験を意識すればするほど、不安や緊張が出てくると思います。
不安や緊張で100%の力を出せないのはもったいないです。
不安や緊張に勝つためのコツ、お伝えします。

メンタルコントロールのコツ 1

頑張っているのに内申点がなかなか上がらない

評価基準を理解して、どこが弱いのか見定める

「自分なりに頑張っているのに、内申点があがらない…」という相談をよく受けます。成績が上がらないと、モチベーションにもつながらないし、「このままで受験大丈夫なんだろうか」という不安になりますよね。きっとみなさん頑張っているとは思うのですが、改めてその頑張りの方向性が合っているのか確認してみるといいと思います。

内申点は観点別評価を基準にして教科別に「知識・技能」、「思考・判断・表現」、「主体的に学習に取り組む態度」の3つの観点について評価されます。この**3つの項目で自分がどれ**

に弱いのか、考えてみてください。

「知識・技能」はテストの点数で評価されるので、シンプルに小テストや定期テストの点数が十分に取れていない可能性があります。もちろん苦手教科だということもあるかもしれませんが、7章でご紹介した勉強法をいかして、成績を上げるほかありません。

「思考・判断・表現」に関しては、大体課題やレポートを見て評価されることが多いです。みんなと同じように書いていたりすると、当然「3」しかもらえません。「4」「5」が欲しいのであれば、とにかく量を書いてみるなり、授業で習ったこと以上のアウトプット、たとえば、次の予習の部分まで踏み込んで書いてみるなり、**人より努力し、考えているぞと先生にアピール**する必要があります。

「主体的に学習に取り組む態度」は、授業での態度を見られています。もちろん課題提出を忘れるとか、居眠りをするなどは論外ですが、先生に質問を投げかけられる場面では積極的に手を挙げる姿勢を見せたり、授業外で先生にわからないところを質問してみたりと、これも**他人より真面目に勉強に取り組んでいますよ**と、アピールすることが大事です。

この3つの項目で自分がどの評価が低いのかを確認し、それを上げるための姿勢や態度を示していってください。

メンタルコントロールのコツ

2

苦手科目への向き合い方

どこからできないのかを把握する＋周りのサポート

「苦手科目に取り組むのが気持ち的に億劫になってしまう」「苦手科目だけ勉強がはかどらない」という悩みもよく聞きます。ワークや問題を解いていると、わからない問題が出てきてイライラしまう、わからない問題を解くのに時間をかけすぎてしまうなどが原因なんだと思います。僕が自分の生徒に言っていることとして、「**まずはできるところだけやればいいよ**」と言っています。そして大事なポイントなのが、**周りにサポートしてもらう環境をつくること**です。学校の先生でも、塾の先生でもいいし、両親でもいいので、「**とにかくできたらほめ**

てもらう」。そうすることで自信にもつながるし、自分がここまでできるという現状把握にもなります。次はじゃあちょっとできないところに挑戦してみようと思えるし、問題が解けなかったときに、なにがわからなかったのかを分析することができます。

具体的にお話しすると、つまずいている単元があったらそのひとつ前の単元からはじめてみてください。たとえば数学で、「連立方程式の利用」でつまずいているのなら、「連立方程式の基礎問題」からやってみてください。実際に問題を解いてみたとき、解けていたら、次に行けばいいし、解けなかったときはこの単元からわからなかったのかと、自分で把握することができます。英語も一緒で文法の単元を見直してみると、自分が弱いところが見えてきます。

国語、理科、社会に関してはとにかく問題を解いてみてください。理科と社会は、実際に問題を解いたときにわからない問題が出てきたタイミングで教科書に戻るのが圧倒的に効率がいいです。

できないところをひとつずつつぶしていくイメージで勉強すると、苦手は克服しやすくなります。気持ち的になかなか前向きになれない苦手科目ですが、取り組み方や勉強法を変えるだけで、効率的かつ前向きに向き合うことができると思います。

メンタルコントロールのコツ

3

友だちと比べてしまい、落ち込んでしまう

受験は最終的に自分との闘い
友だちはライバルとして認める

友だちの成績と自分の成績を比べて、落ち込んでやる気をなくしてしまう人がたまにいます。悔しいと思う気持ちはとてもよくわかります。僕そういうとき、生徒に「**悔しい気持ちを闘争心に変えろ！**」と言っています。「頑張ってもA君にはどうせ勝てないし、頑張るだけ無駄だ」と思っている時間が本当に無駄です。友だちと比べてしまうこと自体は**決して悪いことではない**し、ライバルとして認めて、「あいつには負けない！」という闘争心を持つことができたら大きなモチベーションにもつながります。1章の冒頭でもお伝えした通り、「誰か

に負けたくない！」という気持ちはやる気やモチベーションにつながります。ただそれがネガティブな方向に行ってしまうと、逆にやる気をなくしてしまいかねないので、思い詰めないように注意してください。

ただ、受験においては最終的に友だちとの勝負ではなく自分との勝負になります。学校の定期テストなどで友だちに勝ちたいというモチベーションで頑張るのはいいと思いますが、受験では**自分がどれくらいやり込めたかが、大事になってきます。**厳しいことを言うようですが、友だちに負けて落ち込んでいるメンタルでは受験を戦っていくのは厳しいです。何度も言いますが、**受験は自分との勝負**です。両親や先生、友だちに助けられてきたと思いますが、最終的に受験をするのは自分自身です。

負けたくないと思う友だちがいることは本当に素敵なことだと思いますし、その悔しい気持ちをやる気に変えてあげる、**お互い高め合う存在（ライバル）**にしてみてください。

メンタルコントロールのコツ 4

受験に受かるかどうか不安でつらい

不安は絶対になくならない
不安は栄養剤になる

結論から言うと**不安はなくなりません。**いくら勉強しても一定の不安は絶対に残っています。受験に対する漠然な不安というのは、「このままの勉強で大丈夫なのかな」「試験に勉強してこなかったところが出てきたらどうしよう」など対策が十分ではないゆえの不安なのです。不安がゆえに絶対大丈夫だろうというレベルまで勉強をやり込んでも、不安は残ります。ただ、その**不安は必ず持っておくべき要素**だと僕は思っています。

なにかを勉強するとき、模試やテスト受けるとき、なにかの大会に出場するとき、常日頃、

人は必ず不安を抱えています。その不安というのはエネルギーに変えることができるのです。不安だからもっと勉強しよう、不安だからもっと練習しようと、**不安は自分がより成長するための栄養剤**になります。もちろん不安を持ちすぎたら、気分が落ち込みますし、勉強にも支障が出てしまうので、持ちすぎはＮＧですが、適度な不安を持った状態で勉強することはとてもいいことだと僕は思います。

僕が高校受験当時、県立高校以外にも受験日がはやい私立高校をいくつか受けていました。一番最初の高校を受けるときというのはもう不安がいっぱいでした。過去問も何度も解いて、その学校の傾向も完璧にしていたのですが、実際の入試では過去問とまったく違う傾向の問題が出てきたんです。一瞬パニックになりかけましたが、僕は今まで自分がやってきたその学校の傾向や対策を捨てて、新しい問題を解くと思って、いろいろな引き出しを使ってゼロベースからその問題と向き合うことにしました。結果、受かることができました。

一番大事なのはなにかというと、不安を持ったまま本番に臨むのではなく、**ある程度切り替える力**も必要だということです。勉強する過程で不安があることは悪いことではありませんが、「もうここまできたらやるっきゃない!」という切り替える力を持っておいてください。その力を培(つちか)うために日ごろの小テストや定期テストも緊張感と少しばかりの不安を持って臨むといいと思います。

メンタルコントロールのコツ

5

自信をつけるためにはどうしたらいいのか

自信と不安は表裏一体 勉強でしかつけられない

「絶対受かる自信ある？」と自分の生徒に聞くと、「１００％自信があります！」と答えてくれる生徒は多くないです。自信がないと答えた生徒にはよく「どうやったら自信がつきますか？」と聞かれます。これはもうとにかく勉強することでしかつかないです。前のページでは不安との向き合い方を話しましたが、**自信と不安は表裏一体**だと僕は思います。不安だからたくさん勉強し、その単元をしっかりマスターし、「どんな問題を出されても答えられるぞ！」という状態に持ち込めて、はじめて自信がつきます。

たとえば、小学校2年生で習う九九のテストで自信がない人なんていませんよね。「そんなの余裕じゃん！」と思うはずです。これが自信です。じゃあどうすれば今勉強していることに自信が結びつくかというと、**ひたすらやり込むしかない**のです。九九の問題でいうと、小学校2年生のときにはじめて学び、小3、小4で分数だったり、小数の掛け算だったり、いろいろなところで九九を使っているなかで、**「できて当たり前」な状態**になったのです。いろいろな問題をこなし、いろいろなパターンを身につけていくなかで「これは絶対にわかる」という自信が生まれてきます。何度でも言いますが、**とにかく勉強するしかありません。**

いろいろな問題をまわしていくうちに、わからない問題に関してはしっかりと理解するところまで落とし込む、そして理解できなければ、学校先生や塾の先生に聞く。この3段ステップを繰り返すことで自分の技能が上がり、自信につながっていきます。

なにもしなければ自信はつきませんし、不安ばかりが残ってしまいます。ただ、もちろん自分の実力を過信することもまた危険です。自信と不安のバランスが大事になってきます。自分が一番いいパフォーマンスをするためにできることを今すぐはじめてみましょう！

メンタルコントロールのコツ

6

受験本番で緊張しない方法

緊張は成長の筋肉痛
やってきたことは裏切らない

受験はそもそも誰でも緊張します。緊張しない人なんてもちろんいないです。なぜなら**その1日で今後3年間の人生が決まるから。**僕も受験をした当時はめちゃくちゃ緊張しました。不安と同じで適度な緊張は決して悪いものではありません。今まで必死に勉強を頑張ってきた分、緊張してしまうのは仕方のないことです。なので、緊張すること自体は悪くないという風に思ってください。

そのうえで、僕が受験本番にできるだけ緊張しないようにしたことをご紹介します。それ

は**「ルーティン」をつくること**です。受験本番に近い雰囲気のものが中学3年間ではいくつかあります。たとえば塾でのクラス分け試験だったり、学校の定期テストや模試などといったものです。入試と似たような状況のときに、**あらかじめ自分だけのルーティンをつくってあげる**のがおすすめです。

僕のルーティンはなんてことはないのですが、大事なテストや模試の前日の夜には母がつくってくれたキツネうどんを食べていましたし、当日の朝、家を出るときは必ず左足から出るようにし、校門に入るときも左足から入っていました。どんなルーティンでもいいんです。お気に入りのぬいぐるみを持っておく、みんなからの手紙をお守り代わりに持っておくなど、これがあれば、これをしておけばちょっと安心できるなというものを精神的に持っておくと受験本番でも緊張しづらくなります。

緊張は**成長の筋肉痛**だと僕は思っています。不安とは違い、勉強すればするほど「ちゃんと実力が出せるかな」と緊張してしまいます。緊張を感じたときは、「これは成長の筋肉痛だ！私は頑張ってきたんだ！きっと大丈夫！」と自信に変えてみてください。

メンタルコントロールのコツ

7

他人からの期待との向き合い方

勉強の本質は「自分のためにやる」ということ。人のためにやるのではない

親からの期待。学校の先生や塾の先生からの期待。「期待」というプレッシャーを感じている人、誰かの期待に応えたくて勉強をしている人も少なからずいると思います。第1章の一番はじめに「**勉強は誰のためにやるもの？**」とお話ししました。もちろんここまで読んでいただいた方は「勉強は自分のためにやるもの」だと理解していると思います。人のために勉強しているわけではないのです。親や先生になにを言われても、勉強は自分のためにやっていることなんだとブレずに思っていてほしいです。もちろん、誰かから期待されている、思っ

てもらっていることはすごく光栄なことだし、幸せなことです。とくに親からしたら、塾や参考書のお金を出しているので、期待しないわけにはいかないと思います。そういった恵まれた環境で勉強できることに対してはしっかり感謝の心は忘れずにいて欲しいのですが、「誰かのために勉強している」という風には思ってほしくないです。

期待に押しつぶされそうなとき、この期待にどう応えていいかわからなくなったとき、自分のなかで「**勉強は自分のためにあるんだ。自分がやらなかったら、人生は変わってくるし、勉強することで広がる世界があるんだ**」と言い聞かせてください。将来の自分のために勉強するということは裏を返せば、「**自分に責任を持つ**」ということです。受験に受かったら、自分のおかげだし、落ちたら誰でのせいでもなく自分のせいなのです。この本を手に取ってくれた読者の中学生にはひとり残らず、合格をつかみ取ってほしいと思っていますが、「**自分のために勉強してきた人**」は受験の結果がどうあれ、きっと人生において大事なものを学べるはずです。

おわりに

ここまで読んでいただき、ありがとうございます。

私には、恩師がいます。

小学校のときに通っていたそろばん塾で厳しく指導してくれた伊故海先生という方です。この先生、本当に厳しかったんです（笑）。塾の入口に立ち、教室に入るときは、毎回心臓が口から飛び出るほど緊張したものです。そんな厳しい伊故海先生のそろばん塾なのですが、驚くべきことに、卒業生はみんな、中学受験の御三家、高校受験では翠嵐高校や湘南高校、早慶附属系列などの県立トップ校に揃って合格しているのです。

「なぜなんだろう」大人になって思考を巡らせているうちに、ある「学力が伸びる法則」に結び付いたので、それを最後にご紹介してこの本を締めたいと思います。

厳しかった伊故海先生ですが、唯一優しかったときがあります。

問題が解けたときに大きな花丸を付けてくれたり、そろばんなどで結果を残したときに、お手製の紙の花を作ってくれたのです。僕のために作ってくれた紙の花を塾に飾ってくれたときはもう本当にうれしかったです。小学生の僕は、その紙の花と大きな花丸をもらうためにひたすら頑張っていました。

ただその花丸と紙の花、今から考えるとそれぞれ意味合いが違うように思います。

花丸：算数の思考力養成ドリルなどで、ヒントなしで自分の力で答えまで合わせられたときにもらったもの

紙の花：トーナメントなどで優勝したときや、テストの結果がよかったときなどにもらったもの

つまり、花丸は「努力値で評価したもの」、紙の花は「結果で評価したもの」になっています。小学生にとって、結果だけで評価されることは残酷です。まだまだ遊びたい年ごろで、自分の力だけでなにかを頑張り続けるのは難しいです。ただ、周りがサポートしながら結果が出る喜びを小学生のうちから知っていると、中学生になり結果が求められる世界で戦うときに、この経験は強い武器になります。

子どものときの「小さな成功」を大げさすぎるほど褒めて認めてもらうことで、「頑張り続けるための意味」を見出すことができました。

そういった「小さな成功」を多く積むことが出来る塾だったからこそ、僕に「一生懸命何かに熱中したら結果を出せる」力を与えてくれたのかもしれません。

僕は今、教育現場に立ち、教えるという職業に身を置いています。子ども達の心は僕ら小学生時代とは大きく違いますが、根本にある「ほめられたい」「頑張りたい」という気持ちは変わらないはずです。その気持ちを汲み取り、子どもたちの将来の可能性を広げていける伊故海先生のような教育者になっていきたいと思っています。

また、この本をきっかけに僕のことを知ってくれた方、YouTubeやTikTokで僕のことを知ってくれた方、普段から応援してくれている皆様、本当にありがとうございます。

僕の何気ないアドバイスがきっかけで、少しでも勉強のモチベーションが上がってくれるならば、教師冥利に尽きます。

これからも勉強を頑張るみんなを応援します。

是非、この本をきっかけに、あなたに自信がつきますように。

頑張れ。自分にとって最高の未来を目指して。

ラオ先生より

ラオ先生

多羅尾 光紀

学習塾経営者 兼 教育系YouTuber。慶應義塾大学在学中にYouTubeにて授業動画を投稿し、その後TikTokで「高校受験の勉強法」を確立。大手個別指導塾で最年少教室長を経験した実力で、約半年間で10万人フォロワーを達成、現在は週1回無料で授業LIVEを行い約5000人の前で授業を行っている。

2022年、YouTube「学年1位と最下位の勉強法の違い」が再生回数200万回を超え、高校受験講師として人気を博す。横浜市あざみ野駅にて「イーロン個別進学塾」代表をつとめ、宣伝広告費なしで年間過去最高生徒入会数を達成、誰もが「1度は教えてもらいたい塾講師」としてライブ授業では国内LIVEトレンド3位に入る。

非常に明るいキャラクターで簡潔明瞭な授業を行っており、TikTok累計再生回数3億回、累計800万いいね数（2023年2月）を獲得、メディア出演もこなす実力派講師。

中学生のためのすごい勉強法

2023年3月25日　初版第1刷発行
2024年7月 3 日　　第3刷発行

著者	ラオ先生
装丁・本文デザイン	福田あやはな
イラスト	水谷慶大
発行人	永田和泉
発行所	株式会社イースト・プレス 〒101-0051　東京都千代田区神田神保町2-4-7　久月神田ビル Tel.03-5213-4700 Fax.03-5213-4701 https://www.eastpress.co.jp
印刷所	中央精版印刷株式会社

ISBN 978-4-7816-2182-1